親子自転車旅のすすめ

大庭 純

東京図書出版

和を
駆ける

和を駆ける

平和祈念像
昭和62年2月
北村西望作

親子自転車旅のすすめ

目次

0

メッセージ

青い空とサンサンと輝く太陽の下
大好きなお子さんやお孫さんとの自転車旅
自分たちで決めたゴールに向かって一緒に汗を流す
遠くてもペダルを踏むことをやめなければ必ずゴールに着く
そこに競争は存在しない
あるとすれば自分との闘いだけ
それは人生そのもの
自分たちの力だけで達成する旅
電車や車の旅とは比べものにならない非効率な旅
でも何十倍も何百倍も濃厚で濃密な旅
楽しくてもケンカをしていても一緒に走る

綺麗な夕日を見ながら健闘を称え合い親子で乾杯
真っ黒な日焼けとともに一緒に走った思い出は心に焼き付き
それは一生の宝物
誰にでもできる親子自転車旅
でも今しかできない

1 はじめに

最初に申し上げたいと思います。本書は決して日本一周や海外を走破するためのハードな自転車旅の指南書ではありません。また自転車旅を行うための具体的なノウハウやデジタルツールを紹介する自転車旅のハウツー本でもありません。

本書がお子さんやお孫さんとの自転車旅を実現するための「きっかけ」となり自転車旅の素晴らしさを身近な世界で感じてもらい、その自転車旅が掛け替えのない思い出となってくれればという思いのもと、今回ペンを執った次第です。

自転車旅というと「長旅」や「男の世界」、親子自転車旅というと「父親と息子の世界」というイメージが思い浮かぶかもしれませんが、まずはそのイメージを払拭して頂きたいと思います。

自転車旅だからと言って決して長期間、走行する必要はありません。数日間でも1泊2日、はたまた日帰りでもまったく問題ありません。

そしてお父さんに限らず、お母さんと息子さん、お母さんと娘さんとで自転車旅に出かけられてもいいと思います。最近は元気でとても若々しいおじいちゃん、おばあちゃんもいらっしゃいます。是非、お父さんに限らず、お母さん、おじいちゃん、おばあちゃんにも大好きで大切なお子さんやお孫さんと一緒に自転車で旅をしてもらいたいと思います。

自転車旅をするのに年齢的な縛りは、まったくありません。高校生のお子さんと、大学生のお孫さんとなど、どんな年齢の方々でもそれぞれお子さんとお孫さんとでの自転車旅は可能ですし、それが可能であることもまた自転車旅の魅力のひとつだと思います。

ただ今回、私自身の経験を踏まえてペンを執らせて頂くにあたり、おおよそ小学生の保護者の方々にお読み頂けることを前提に記させて頂きました。前述した通り自転車旅そのものについては年齢のくくりなどまったく関係ありませんが、本書では自らの経験から小学生ぐらいの年齢のお子さんたちと共に自転車旅を初めて実践してみようと思われる方々をイメージして記させて頂いております。そのため小学生のお子さんやお孫さんとの親子自転車旅以外のケースには本書で記させて頂いた経験やアドバイスなどが適当ではなかったり、不要な助言であったりすることもあると思いますがご了承ください。

今回、経験や体力を備えていらっしゃる自転車旅のエキスパートの方々にではなく、色々な意味でまだまだサポートが必要であろう小学生のお子さんやお孫さんとの自転車旅の実践について親目線で記させて頂きました。

そして、まずは親子自転車旅をスタートさせるために皆さんの背中を押す役割を果たすことを何よりの目的とし、私自身の経験が楽しく安全な自転車旅を通じてお子さんとまたお孫さんとの掛け替えのない思い出作りに何らかの手助けになることを願って記させて頂きました。ページを追って読み進める必要はございません。目次を見て興味のある項目だけでも目を通して頂けたらと思っています。

自転車の魅力はいまさら私が口にすることではなく多くの方々がご存じのことと思います。その魅力あるツールを使って是非、大切なお子さんやお孫さんと一緒に未知の世界を旅してみてください。人生において掛け替えのない素敵な宝物を手に入れることになると思います。

2

今しかできない！

自転車旅はいつでもできます。しかし、お子さんやお孫さんとの自転車旅はある一定の限られたタイミングでしか行うことはできません。そのタイミングとは一言で表すならばお子さんが小学校に通っている間だと思います。それ以外でも可能な時はあると思いますが体力、時間その他色々な意味でこのタイミングはベストな状況で実際、このタイミングを失うと実現は難しくなるでしょう。もしお子さんやお孫さんと一緒にやってみたいと思われるならば是非、早めに行動を起こしてくださ い。私自身の学生時代からの自転車旅の話や子供たちとの自転車旅の話をさせて頂く機会があるとき、多くの方々から同じ感想を頂くことがとても多いです。それは「自分もやってみたかったな～」というお話です。私の学生時代の自転車旅はさておき、子供たちとの自転車旅についてはお子さんがいらっしゃる方々は口をそろえたようにお話しされます。もちろん、社交辞令で話を合わせて下さっている方もいると思いますが「できることならしてみたかった」という思いがストレートに伝わってくる場合が多かったです。自転車旅というと専用の自転車を用意しなければならなかったり、長期の休みをとらなくてはいけなかったり、またそれなりの体力も必要ではないか、などと考え、実行するには少し二の足を踏むようなことがあると思います。しかし、多くの方々が自転車旅をすることがなかったのは時間や体力、また費用などの物理的な障害があったからではなく、他に親子で行える魅力的な遊びやスポーツが身近にあったからにすぎません。近隣への交通手段でしかなかった自転車がそこに入り込む余地などなかったわけです。

最近まで、ある意味、親子で自転車旅を行うということはもちろんのこと、自転車で旅をするということ自体の「文化」がほとんど育まれていなかったと言えるのではないでしょうか。「文化」という言葉まで持ち出すような大袈裟な話ではありませんが、最近まで自転車の価値に目を向けていく社会でなかったわけですから、自転車旅、まして親子で自転車旅を行うような「文化」が育たなくても無理のないことで、必然的に自転車旅はもちろん、親子で自転車旅を行う人々もほとんどいなかったわけです。私が学生だった数十年前は環境問題や健康についての意識などは現在と大きく異なっていて、環境的、経済的、そして健康的な観点から自転車は今ほど注目される存在ではありませんでした。しかし、現在、大きな時代の流れの変化の中で様々な要因から自転車の存在が注目され社会的にもその魅力が認知されるようになり、自転車をとりまく環境も大きく変化してきています。そんな今だからこそ、自転車で子供たちと旅に出る、ということに抵抗感を抱く方々は少なくなり、むしろ「してみたい」と前向きに思われる方々も多いのではないでしょうか。

ただ思っているだけでは気づいたらそのタイミングを失ってしまっていることにもなりかねません。「よしっ、やるぜ!」、「やってみたい!」と思われる方は是非、今すぐ、自転車旅に向けてのアクションを起こしてください。「日々、子育てに追われそこから解放されたい」、「休みの日ぐらいゆっくりさせて」と思っていらっしゃる方々も多いと思います。ただそうした大変な日々は一時期だけで子供たちはあっという間に成長していってしまいます。その成長とともに子供たちの生活の中心は家庭ではなく学校やクラブ活動に移っていき、すぐに親の言うことより先生や先輩、そして友人たちのことを優先するように、また優先せざるを得なくなっていきます。こうしたことは決して悪いことではなく、子供たちが成長していく過程においてむしろ望ましい姿だと個人的には思っています。ただ、当然ながら家族で出かけたり旅行したりする時間をつくることも難しくなり親が子供を振り回すこともできなくなってくることは子育てを経験してきた親御さんであれば理解して頂けることだと思います。反抗期ではなく主張期とも言える中学生や高校生になればそれぞれ自分の意思のもとで行動していくようになる中で親のエゴで連れ出されることに抵抗感を抱くケースもあるでしょう。まして親と一日行動を共にしていくような自転車旅を行うことは時間的な問題もあわせて現実的にはとても難しい状況になると思われます。このように自転車旅をお子さんやお孫さんと実践できるタイミングはとても短い期間でありとても貴重です。お子さんやお孫さん側の問題だけではありません。一緒に旅に出るお父さんやお母さん、おじいちゃんにとっても体力的な問題からできるだけ早い方が負担も少なく、よりアクティブな旅にトライできるのではないでしょうか。

もう一度言わせてもらいます。今すぐ、自転車旅に向けてのアクションを起こしましょう。お子さんと、またお孫さんとの自転車旅は今しかできないのです。一緒に青空のもと汗を流しながら共にペダルを踏む自転車旅は残念ながら親離れしていくこの先にはなかなかそのチャンスをつかむことはできなくなります。お父さん、お母さん、またおじいちゃんたち自らがアクションを起こして自転車旅を行わないと、その先、チャンスを見つけることは難しくなると思います。飛行機や電車での旅はこれからもできると思います。でも親子自転車旅は今しかできません。お父さんやお母さん、おじいちゃんの熱い姿をお子さんやお孫さんの心に焼き付けちゃいましょう。さあ、思い立ったら吉日、お子さんやお孫さんと自転車旅に出かけましょう。一度だけでもいいじゃないですか。美しい夕日を見ながらセンチメンタルな気分で語って忘れられない思い出を心に焼き付けちゃいましょう。自転車旅など誰にでもできます。やってみたい、という気持ちさえあれば誰にでもできるんです。

3 子供のためじゃない、自分のため！

この本を手に取ってくださった方はきっと自転車または自転車旅に少なからず興味を持っていらっしゃったか、また今回持って頂いた方ではないかと思います。これから記していくことに説得力が出るかどうかわかりませんが自分と自転車との付き合いについて少しだけ触れさせて頂きます。決して私は人生をかけて世界五大陸を自転車で駆け巡ってきたような経歴を持つ自転車旅エキスパートなどではなく、ごくごく普通の昭和生まれの単なる自転車愛好家でしかありません。小学生の時、自由にどこへでも駆け巡ることのできる自転車という素敵なツールを手に入れた時のことは今でもはっきりと覚えております。おそらく皆さんも一緒ではないでしょうか？

私の自転車旅の原点は三重県の海辺近くの母の実家で過ごした小学生の夏休みにありました。毎日、自由奔放に一人で未知の世界に自転車で出かけていました。真っ青な空と真夏の照りつける太陽の下で何もかもから解放された何とも言えない浮遊感を感じながらペダルを踏んでいたあの日々が私の自転車旅の原体験でありました。心に焼き付けてしまったその感覚が学生時代に覚醒され、その後、日本縦断や欧州縦断などの旅へ出かけていくことになり、大袈裟な言い方をすればその旅の一つひとつの轍が私の人生に大きな影響を与えてきたと言えると思います。私にとっての自転車は小さい頃から未知の世界を切り開いていき、人生に様々な彩りを与えてくれた大切な存在であったわけでその付き合いは今もまったく変わっておりません。

そうした経験からだと思いますがいつのまにか自分の子供と自転車旅をすることがひとつの夢となっていました。漠然とした夢でしたが、5回の夏休みを利用して子供たちとの自転車旅を実現することができ、その夢をなんとか果たしてきました。親のエゴむき出しのひとつの夢を実践、達成してみてやはりこの自転車旅を是非、多くの方々に経験してもらいたいという願いがより強くなり本書を手掛けることとなったわけです。

親子自転車旅というといかにも子供のために自転車旅をするようなイメージを持たれる方々も多いと思いますが私が行ってきた自転車旅は「子供のため」ではなく「自分のため」、つまり子供が望んでいるわけではなく単に親がしたいという「親のエゴ」で子供を自転車旅に連れ出すというものでした。前述した通り、自分の自転車旅の経験からいつの日か子供と一緒に自転車旅がしたい、という漠然とした夢を抱いていました。その理由は自分の自転車旅で経験した世界を良きにつけ悪しきにつけ少しでも子供たちと共有できたらそれほど嬉しいことはない、と思っていたからだと思います。ただそう思ってはいましたが実際に子供たちが自転車旅に出かけられる年頃になってきても、そうした自分自身の自転車旅の思い入れなどを子供たちが理解するわけでもなく、また子供たちから自転車旅に出かけたいなどと望まれることも当然ありませんでした。

何のために親子自転車旅をするのか、と自問自答しその実践に躊躇することもありましたが、しかし、そのうち子供たちと自転車旅をするために目的や目標などがまったく必要がないことに気づきました。自分自身の自転車旅がそうであったように私は何かの目的や目標のために自転車旅をしてきたわけではなく、思い返してみれば「してみたかった」、また「自転車でそこまで行けたらすごいな！」という素朴な思いがあっただけだった、というのが正直なところです。

その後、国内外の多くの場所に出かけ様々な経験を通じて大きな糧を得てきましたが、あくまでもそれは旅をしてきたその結果についてきたもので、それを目的としていたわけではありません。そう思い返すことができた時、子供たちとの自転車旅に目的や目標など不必要であり、共に走ることこそがとても重要なことで、それが実践できたならばこの上なく幸せなことなのであろうと思えたのでした。

そして子供たちとの自転車旅を実現するためにはそれが私のエゴであろうと自分自身がやりたければそれを実行すればよいだけであり、もし実現できなければ必ずやいつか後悔することになってしまうと思ったわけです。今振り返ってみれば強引だったかもしれませんが幸い子供たちも気持ちよく二つ返事で受け入れてくれて親子で自転車旅を行うことができました。あの時に子供たちと青い空の下、共に汗を流しながら、長い坂を上りきることができて本当に良かったと思っています。

昔から「かわいい子には旅をさせろ」また「ライオンは子を谷に突き落とす」などと言われ子供が一人で行動していくことで生き抜く力を育んでいくことが望ましいとされる時もあり、実際、それを具体的に実践されている保護者の方々もいらっしゃるでしょう。自転車旅も親子で走るのではなく、子供一人で旅させることも大きな意味があると思います。確かに自分の経験からもそうした経験は子供にとって大きな糧となると思います。でもそれはこれからの人生で嫌でも子供たちは経験し、また経験せざるを得ないことだと思っています。

人生振り返ってみればわかることですが子供たちが親や祖父母と一緒に時間を共有できる期間というものはあまり多いわけではなく、そうした短い期間にお互いの心に刻まれた大切な思い出をつくるということはなかなか簡単にはできないものです。子供たちが成長していけばなおさらそうしたチャンスは失われていきます。是非、お父さん、お母さん、おじいちゃん、おばあちゃんが積極的に子供たちにアプローチして共に走る自転車旅を実現してもらいたいと思います。それがお子さんやお孫さんのためではなく、自分自身の彼らとの掛け替えのない思い出づくりのためかもしれませんがそれだけでもいいのではないでしょうか。

後述の「6　思い出編」でも記させて頂きましたが親子自転車旅は楽しいことばかりではありません。旅の途中、むしろ辛いことの方が多いかもしれません。だからこそお子さんも親も成長するのだと思います。私自身の経験から述べさせて頂くならば実は親子自転車旅は子供たちよりむしろ旅をリードする保護者の方に様々な経験を与えてくれます。時にはそれは試練ともいえるものになるかもしれません。自転車旅ゆえの身体的な試練はもちろんのこと、そうした状況の中、一日中子供と向き合い続けなくてはいけないわけです。子供ですから機嫌のよいときもあればふてくされるときもあります。親や祖父母などがお膳立てしてきた旅ということで自然に受け身、つまりわがままになるような場合もあり、親が精神的に追い詰められるときもあるかもしれませんがそうした状況でも仕事や家事を理由に逃げることはできません。自分自身と向き合いながらいかに自転車旅を円滑にすすめ、ゴールまで子供と走り続けられるか、そこに親の度量も求められてくると思います。親子自転車旅で成長するのは子供だけではなく、我々保護者こそ成長させていってくれるものなのだと思っています。少なくとも私はそうでした。

自分の力だけで走りきる自転車旅は車や電車で行く家族旅行とひと味もふた味もちがう経験と思い出を残してくれるはずです。お父さん、お母さん、おじいちゃん、彼らのためではありません。自分たちのエゴであり、自分たちのためなのです。さあ、愛しいお子さんやお孫さんとの一生の宝物となる思い出をつくるために彼らを引っ張り回しましょう。子供たちの様々な経験はすぐには花開かずともその後の人生に何らかの影響を及ぼすことになると思います。人生に影響などというような大袈裟なものではなく、単にお父さんやお母さん、またおじいちゃんなどと自転車旅を実践し、そして〇〇まで走りきった、それだけで十分ではないでしょうか。親子自転車旅、主役は子供ではなく我々なんです。さあ、お子さんやお孫さんを誘って自転車旅、実現させようではありませんか。

4 なぜ自転車旅？

なぜ自転車旅なのでしょうか？　私が自転車旅に執着している理由に少し触れたいと思います。現在、地球温暖化問題などの環境保護の観点などからも今まで以上に自転車の存在は大きくクローズアップされ、これからの都市社会での交通手段としても大きな役割を果たしていく存在となっていくのではないかと思われます。確かに今までも自転車は多くの都市生活者にとって便利な交通手段でありましたが、所詮、多くの方々にとってはあくまでもツール、つまり道具でしかありませんでした。そもそも人力を必要とする自転車は疲れます。できればもっと楽で効率の良い交通手段を人は選択したいものですから、汗をかいてペダルを踏むような交通手段はなかなか市民権を得るようなことはなかったのだと思います。

ところが今では環境保護や健康志向からも自転車を取り入れた生活をすることがひとつのトレンドとまでなっている風潮がありますし、たとえば道路交通法の改正や専用道路の拡張など、自転車をとりまく様々な環境はソフト、ハード共に変わってきております。

こうした自転車の存在感、存在価値が高まってきている中で、自転車で旅をすることなどを口にしてもさほど違和感のない状況になっており、むしろそんな話をし出せば前向きに耳を傾けてくれる方々がとても多くなっているのはとても嬉しいことです。

私が自転車旅を始めた30年以上も前の国内では自転車の存在価値など単なる生活圏での交通手段でしかなく自転車で旅をするような人々は確実にマイノリティで限られた人々でした。自転車に荷物を満載して汗を流してペダルを踏んでいる我々は確実に奇異な目で見られていたことを思い返すと実に素晴らしい時代が来たものだと感慨深いものがあるわけです。

振り返ってみると私がそのような時代の頃から自転車旅をしていたのはやはりそれなりの魅力があったからに違いないと思っています。

私が自転車に乗り続け、自転車旅を続けてくることができたのにはこんな理由があります。「ズバリ！　自転車が好きな人、乗り続けている人、自転車で旅している人、こうした人々に悪い人はいないから」。これは私の長年の経験則で、確信をもっております。考えてみてください。基本的に自転車って疲れますよね。そんな疲れることにわざわざ夢中になる人たちに悪い人はいない、と思っているわけです。持論ですが「労を惜しまない人に悪い人はいない」のです。だから自転車で長時間旅する人なんて、きっとみんないい人ばかりだと思います（自画自賛ではなく、正直な気持ちです）。実際、自転車を通じて、出会った人、つながっている人、みんな素晴らしい人ばかりです。

（※注：ただ、いい人たちですが、偏屈な人、かなりアブノーマルな方等は多数いらっしゃいます）

また今までずっと自転車で旅してきて、楽しい思い出はたくさんありますが、同時に精神的、身体的にしんどいことも限りなくありました。いつも思うわけですよ、「なんでこんなことしているのか？」と。上り坂にかかるといつも自問自答します。何十年もやっている私が思うのだから、親の自転車旅に付き合わされていた子供たちなどにとっては理解できないことだったと思います。文明の利器である新幹線を利用すれば3時間半で移動できるのにどうして7泊8日もかけ自転車で移動するのか？（※2013年親子自転車旅。三重県鈴鹿市から東京板橋区まで走行）実に馬鹿馬鹿しい行いですよね。汗を流して、辛い思いして、時にはケガまでして……。

息子にはきっとわからないと思います。そこには親のエゴしか存在していません。

私は今年56歳になりますが、今までを振り返ってみると、私の自転車旅は、無意識ながらの現代社会へのアンチテーゼなのではないか、と思うことがあります。何かと効率ばかり優先し、そのための競争を求めていく社会。私は教育現場にもわずかながら携わっておりますが唯一、効率を求める必要のなかった教育にまで現在は、それを強く求められるケースもあります。効率を重視するゆえの競争も現代社会で生きていくためには重要なことなのかもしれません。しかし私は自分の自転車旅に「勝ち負け」を持ち込んでおりません。私の自転車旅に勝利至上主義は存在しないのです。人は勝負をして時には勝つことで、また時に負けることとの経験から様々なことを学んでいくと思います。私自身、今までの人生の中で様々な状況で競争を強いられ、その勝負に勝つこともあれば徹底的に打ちのめされたことなども多々あり、その一つひとつが大きな糧となってきたと思っています。だから競争や勝ち負けをつけることを否定するつもりは毛頭ないのです。ただそれがすべてではないとも思っています。

ある意味、子供たちは勝負の大切さをこれからきっと受験やクラブなどの学校生活を通じて嫌でも学んでいくでしょう。私は親としてできればそれとは別のことを子供たちに伝えたいと思っていました。そのもっと大事なこと、少なくとも私自身は大切にしたいと思っていることをひとつの自転車旅という行動を通じて子供に伝えることができたらと思っていたのでしょう。効率や結果だけを求めるのではなく、無駄とも思えることに労力を費やすその過程も人間が生きていく上ではとても大切な意味があると私は感じております。私は子供との自転車旅のゴールに毎回、アジア太平洋戦争に関係する地を選びました。自転車旅そのものを楽しむことも大事にしてもらいながら、当たり前とされる「平和」に少しでも目を向けるきっかけにでもなればと思っていたからです。

自転車旅を楽しむことも大事、平和に目を向けることも大事、しかし何より伝えたかったことは、この非効率で実に無駄な行動に自分自身が持ちうる力を出し切って挑んでいくその過程の大切さではなかったのか、と思っています。スタートがあり、ゴールがある。ゴールへ到達することが決して目的ではなく、愚直なまでにゴールまでの過程を諦めず歩んでいく。その歩んでいく意味はわからなくとも……。そしてその結果としてのゴール。疲れたら足を止めればいい、そしてまた歩いたり、ペダルを踏んだりすればいい。歩き続け、そしてペダルを踏み続けることさえ止めなければ必ず前へ進み、いつかはゴールへ到達する。

人生って、理不尽、不可解、永遠に意味のわからないこと、そんなこと山ほどありますよね。子供たちのこれからの人生においても彼らが進もうとする道をそうした様々な問題が阻もうとすると思います。そんな時に親と汗を流した自転車旅を思い出して少しでも前へ進もうとしてくれたらとそんな思いを文字や言葉ではなく一緒に雨に打たれ、強風に煽られ、先が見えない山道を上りながら身体で感じてもらいたかったのかもしれません。

電車や車などとは異なり、すべてをさらけ出しながら自分の力だけで走りきる自転車旅。そこで得られた経験や思い出を誰にも理解してもらえなくても何を言われても良いと思います。でもそのことを唯一、理解し、共有できるのが大好きで大切なお子さんやお孫さんだったら嬉しくないですか。そして10年、20年と時間が経過するほどその思い出は輝きを増してくると思います。労を惜しまず流した汗ほど印象に残るもので、そんな大変な旅であるからこそ心に刻まれるものであり、親子自転車旅ってそういうものだと思います。子供たちの人生という旅は始まったばかりですが、時には休みながらもペダルを踏み続けてもらいたいと思っています。

さあ、自転車でお子さん、お孫さんと旅に出てみましょう。

5 実践編

①心の準備

電車や自家用車などを使用した一般的な旅行であれば準備不足で少しぐらいの問題が発生したとしても大抵のことは解決して旅を円滑に続けることができると思います。しかし、親子自転車旅は色々な意味でそうした一般的な旅よりも出かける前の準備が必要になると思います。準備と言っても持参していく装備などのハード面ではなく、どちらかというとソフト的な部分、一言で言うならば親子自転車旅をするための心構えとでも言ったらよろしいでしょうか。

以前、夏休みに広島と四国を娘と息子と巡った時にサイクリングロードで有名な「しまなみ海道」を縦断したのですがその時のお話を少しさせて頂きます。「しまなみ海道」はほぼ自転車専用道路なので快適に安全に走行できることもあり、夏休みなどはロードレーサーからはじまり、クロスバイク、ママチャリまで多くの方々がサイクリングを楽しんでいる姿を見ることができます。

そんな中、ある家族の様子についてのお話です。「しまなみ海道」にいくつもある橋のひとつを下ってからロケーションの良い所で休憩しているとサイクルウェアを着た40歳ぐらいの方が逆方向から走行してきて上りのスロープ前で足を止め後方をうかがっていました。しばらくすると小学校低学年ぐらいと思える男の子がかなり後方から子供用のレンタルサイクルに乗って真っ赤な顔をして汗だくになって近づいてきたのです。それを見て男性がその男の子の父親で、親子でサイクリングに来ていることがわかりました。

8月の炎天下、通常であれば日中活動は控えなくてはいけないような状況の中、父親にやっと追いついた男の子は追いついても口もきけない状況のようで、すぐに自転車を投げ出し、歩道に座り込んでしまいました。父親はその様子を黙って見守りながら引き続き後方をうかがっていました。もう一人お子さんがやってくるのを待っているのだと思っていましたが、なかなかその姿が見えません。男の子は歩道でうつむいてぐったりしたままです。

はるか後方から姿が見えてきたのは子供ではなく、年配の女性でした。自転車をフラフラさせながら子供以上に顔を紅潮させ、滝のように汗を流してやってきたのでした。やっとの思いで息子のそばに着くやいなや座り込み、いきなり父親に罵声を浴びせ始めました。内容をすべて聞き取れたわけではありませんが要は「こんなことやりたくない」、という内容と「話が違う」、といったような言葉を勢いよく男性にぶつけてそこで夫婦喧嘩がはじまることとなってしまったわけです（この段階で女性が男性の奥様でいらっしゃることを把握した次第です）。おそらく、やっと追いついた状況の先に、さらにこれからまた上らなくてはいけない長い上りのスロープを目にしてついに堪忍袋の緒が切れてしまったのでしょう。そんな修羅場に身を置いておくわけにもいかず、その後の様子も気にはなりながらも長すぎた休憩にピリオドを打って先を急ぐことにしました。

様々な橋の上から瀬戸内海の素晴らしいロケーションを眺めることができ、自転車専用道路として安全にサイクリングを堪能できる「しまなみ海道」での親子自転車旅、きっと楽しい充実したサイクリングを想像していたに違いありません、少なくともお父さんは、です。お父さんの自転車はロードレーサータイプのようでしたからおそらく自転車の愛好家なのでしょう。「しまなみ海道」を家族と一緒に走行する素敵で快適なサイクリングをイメージされていたかもしれませんが、残念ながらそのイメージを酷暑の炎天下での長距離走行を強いられたお子さんや奥様とは共有できなかったようです。そもそも、お父さん一人がロードレーサータイプのスポーツ自転車で、お子さんや奥さんはレンタルサイクルで走行しようとした段階で、家族と自転車旅の素晴らしさを共有することはできなかったのではないか、と個人的には思っています。

通常の一般的な旅行でしたら観光パンフレットに書かれている情報だけで旅行を楽しむことは可能だと思います。しかし、自転車旅となるとそうはいきません。実際、「しまなみ海道」を紹介する様々なサイクリングロードマップやパンフレットを見ると美しいロケーションや楽しい雰囲気が伝わってきますが、自転車に乗りなれていない人にとって自分に課せられる負荷がどのくらいのものなのかはわかりません。

橋の上から美しいロケーションを眺めるためにはその前にその橋の上まで上らなくてはならないのです。車であれば何の労なく美しいロケーションを味わうことができると思いますが自転車旅ではおいしいところだけをつまみ食いすることはできず、おいしいものを手に入れるためにはどんな時でも「労を惜しむ」ことはできないのです。この点が自転車旅を実践できるかどうか、また自転車旅を楽しめるかどうかの分水嶺であって、その労を惜しまない方々にとっては、自転車旅が掛け替えのない魅力的な旅となるのだと思います。楽しいはずの自転車旅がつまらないだけではなく家族崩壊？へのプロローグとならないためにも親子自転車旅の前には装備などのハード面だけではなくメンタルなどのソフト面での準備が必要で、逆に言えばその部分さえしっかりしていれば多少のトラブルは良き旅の思い出となってしまうと思います。

「労を惜しまない覚悟」とでも言えるこの「心の準備」ですが、当たり前のことながらお子さんやお孫さんはその準備をしていません。ただ一緒に自転車旅をするお父さんやおじいちゃんさえその心の準備がなされ、お子さんやお孫さんと一緒に自転車旅を共有したいという姿勢で向き合っていれば子供たちは大変な状況でも付いてくるものです。お父さんやおじいちゃんの独りよがりの世界を子供たちに押し付けたりすることがあると子供たちは素直ですから労を惜しむことに抵抗感を示したりします。大変かもしれませんが子供目線で彼らと一緒に楽しみながら走ることを最優先にすることで、共に「心の準備」など不要になってくるものなのだと思います。

親にとっても子供にとっても楽しくてワクワクする事であれば誰も労など惜しまないものですよね。突き詰めると、子供たちにとって楽しくときめくような自転車旅をお膳立てしていくための「労を惜しまない覚悟」をお父さんやおじいちゃんが大切にするということが「心の準備」ということになるのでしょう。ただ、そもそも自転車や自転車旅に興味を持っていらっしゃる方々に「労を惜しまない覚悟」などは、まったくもって不要な助言であって、ある意味、無礼千万な話だったと思うのですが老婆心ながら最初に記させて頂いた次第です。

これから記させてもらう目的地や期間の設定については楽しく、大きなトラブルなく無事に完走し、結果として親子自転車旅を成功させるために参考になればと思い記させて頂いた内容です。親子自転車旅はパッケージツアーと異なり、他の方々と同じプランは存在しません。競争も効率を求めることも必要ありません。自分たちが望む、自分たちにふさわしい、世界でひとつだけのツアープランで構わないのです。「心の準備」だけは忘れずに是非、オリジナリティあふれる親子自転車旅プランに取り組んでみてください。

②どんな自転車で旅するか？

ロードレーサーで颯爽と走る姿、かっこいいですね。資力もあり体力もある大人の自転車旅でしたら、走ることに徹し身軽なロードレーサー、また舗装されていないようなダートも走行できるマウンテンバイク、はたまた長期間、重装備にも対応できるランドナーやキャンピングタイプなど、現在はそのほかにもクロスバイクなど様々なカテゴリーの自転車がありますのでお好きなタイプで旅を楽しむのが良いのではないでしょうか？

ただ親子自転車旅となると思うように自転車を選べなくなります。親の自転車はともかく、小学生のお子さんやお孫さんが乗る自転車は身体的な問題、自転車メーカーによるラインアップ状況、そして何より道路事情からその選択がかなり制限されてきます。体力的なことで言えば小学生と言っても低学年と高学年で、また身長や体力、そして男の子か女の子かでも異なってくると思います。子供向けの軽量スポーツ自転車のメーカーラインアップから言えば、低学年のお子さんがいざという時にしっかり足をつけることのできるような安全に乗車できる軽量スポーツ自転車の設定はほとんどありません（安全に使用できるかどうかは年齢ではなく体格に依存します。私の息子などは小柄でしたから軽量スポーツ車で自転車旅ができるようになったのは6年生の時からでした）。

お子さんが体格に恵まれていて数少ない軽量スポーツ自転車が適応する状況だったと想定しましょう。その時、親御さんはこの自転車を購入するでしょうか？　おそらくしないと思います。なぜならもともと売れ筋ではない子供向けのスポーツ軽量タイプはラインアップが少なく、それゆえ当然のことながらとても高価です。大人のスポーツ自転車と同じ価格帯です。もちろん、資力のある方々には問題ないことかもしれませんが、一番の大きな問題はその自転車にお子さんが乗れる期間が短い、ということです。ご存じの通り、お子さんはあっという間に大きくなります。買ったばかりの服が翌年には着ることができなくなるのと同じで体格が小さかった時に適応した自転車はすぐに乗れなくなってしまうのです。体格的に問題なく安全に乗車できるサイズが選択できるようであればスポーツ軽量タイプを購入、利用することは可能だと思いますが、間違いなくその自転車を利用できる期間が短いことだけは留意しておく必要があると思います。

そしてお子さんの体格などの条件以上に自転車の選択について考慮しなくてはな

らない点があります。それはお子さん、またはお孫さんと一緒に走行する予定ルートの道路事情が自転車の選択に大きく影響し、親子で走る自転車旅の内容によっておのずとどのような自転車を利用した方が良いかということが決まってきてしまうという点です。大雑把に言うならば例えば「しまなみ海道」などの自転車専用道路しか走行しないのであればお子さんの体格に合っている自転車であれば軽量スポーツタイプであってもそれ以外のタイプであっても特に問題はないと思います。道路事情で自転車タイプが制限されるのは自動車やバス、オートバイなどが自転車のすぐ横を頻繁にすり抜けて行くような自転車で車道を走行するにはとても危険度の高い地方郊外の一般国道や県道を使用する場合です。

日常、自転車に乗られている方々はご承知の通り、車道を自動車と並走することはとても危険で恐怖すら感じることもあるのではないでしょうか？　また事故に巻き込まれそうになったり、自動車に煽られるようなことがあったりした経験をされたことがある方も多いと思います。それでも大人がロードレーサーや軽量クロスバイクで自分の判断で車道を走行する場合は自分自身で安全を確保することも可能だと思います。道路交通法で軽車両である自転車は基本的に車道を走行することになっていますが日本の独自の交通事情の歴史的背景から現時点では車道も歩道も走行できるという意味無秩序な状況であるのが現状です。

自転車は車道走行、という前提ながら自動車のドライバーは車道を走る自転車に対しとても冷たい状況にあります。これはドライバーの人間性云々という問題ではなく、無秩序な現状である交通事情に問題があるにすぎません。いずれにしろ、こうした状況において自分の安全を確保しきれない大切なお子さんに車道を走行させたいと思われますか？　家のすぐ近くの走りなれた車道を短い時間走行するのは問題ないでしょう。しかし、自転車旅として長時間、大切なお子さんをあの危険にさらすことはおそらくできないと思います。親子自転車旅では走りながら目に入ってきたものについて言葉を交わしたりすることも楽しさのひとつですが車道を走る場合、並列で走ることは当然できませんし、その余裕もありません。そのため車道を走行している限り、言葉を交わしながら走行することは難しく、せっかくの会話もはずまなくなってしまいます。

現在、東京をはじめとして大都市内では自転車専用道路の設置が進められており、そうした専用道路を利用することは安全性が高まり、そのことが余裕を生み、自転車で走行することの楽しさにつながりますが、そうした専用道が広く普及していくにはまだまだ時間がかかりそうです。都会であれば自転車も多いので表面的には弱者としての自転車の優位性が存在しておりますが、こと地方の国道などはそもそも自転車の車道走行が認知されていないかのように自動車やトラックが我が物顔で走行しており車道を走るのが命がけになるようなことは毎度のことです。郊外における国道や県道などでは歩道すらないことなど数知れません。

大人が自分の安全を確保しながら危険な車道を走行することに抵抗はありません。しかし、自らの安全の確保が難しいだろうとされる小学生には無理に車道を走行させてリスクを増大させることは避けたいと私は考えております。命を懸けて自転車旅をする必要はありません。余裕をもって、時には子供と言葉を交わしながら走行することを考えるとあえて車道ではなく歩道を中心とした走行を前提とし、安全が確保できる場合では車道を走行するというように状況に応じて走行することが望ましく、特に低学年のお子さんと自転車旅をする場合には許される限り歩道を多用することをお勧めします（道路交通法で歩道を自転車が走行できる条件に13歳未満の運転者、また年齢を問わず安全のためやむを得ない場合、具体的には「自動車の交通量が著しく多く、かつ車道が狭い場合」などが認められております）。

長々と話してしまいましたがここで道路事情問題について語るつもりはなく、歩道を利用することを前提とした親子自転車旅を考えた場合、選択する自転車はタイヤの細い軽量スポーツタイプではなく、ごく一般的な日常使用している自転車のタイプで全く問題なく、むしろそうした方がおそらく安全な自転車旅を行うことができることをお伝えしたかったわけです。日頃、歩道を走行している方はよくおわかりの通り、歩道には段差がたくさんあります。また少し郊外に出れば草も生え、ガラスや金属の破片、また歩道の陥没などもあります。タイヤの細いスポーツタイプではパンクを頻繁に発生させることになったり、段差の衝撃で車輪の全体の形状を支えているリムが歪んだりして余計なトラブルを発生させることにつながったりします。

お子さんが車道を基本として走行するとなると親御さんも一緒に車道を走行することになるので必然的に親御さんの自転車もロードレーサーなどではなく、日本が世界に誇る通学、通勤用のママチャリタイプなどがベストセレクションになります。一緒に走行するお子さんの体力にあわせて自転車旅をするわけなのでお子さんが小さい場合にはハイスペックな自転車は必要なくなります。もちろん、歩道を中心に走行したり、重量のある日頃使用するようなママチャリ自転車を利用したりする場合、デメリットもあります。歩道を走行することで距離を稼げない、軽量スポーツタイプに比べると走行距離の割には重量があるので疲労度がより高まるなどがあると思います。

しかし、お子さんが小さくまだ安全を自己確保しながら車道を走行できないような場合は、歩道走行を中心とした余裕ある自転車旅の方がはるかに安全でそれゆえ楽しい旅ができるはずです。ロードレーサーなどの高性能自転車で颯爽と走行していく自転車旅もかっこいいですが、親子自転車旅はハード面が充実していなくとも安全、楽しいなどのソフトの部分を大切にすることで思い出深い自転車旅を実現可能なのです。

結論としては小さいお子さんとの親子自転車旅では日頃使用しているような自転車で十分ということになりますが、これは小さいお子さんとの自転車旅に限ることではなく体格的に適応するようスポーツ自転車の設定があるような場合でもあえて日頃使用している通学自転車や通勤自転車で一緒に自転車旅に出ようとすることの方がコストもかからず気軽に行動にうつせると思います。実践してみて、もしもう一度やってみたいと思うようなことがあればその時にまた検討してみればいいことなのだと思います。

私は息子が小学校3年生から中学1年生までの5年間、毎年夏に自転車旅を行いましたが息子が軽量スポーツ自転車に乗り換えて旅をしたのは6年生からでした。

もちろん、ハイスペックな自転車に乗り換えることによって走行距離が延びるなどプラス要素もありましたがその反面パンクが多くなったり、車道走行でのリスクが増えたりしました。どちらが良いというのではなく、お子さんの年齢や体力、走行距離、期間などを総合的に勘案してどのような自転車で旅するのが良いか、決定していくことが望ましいと思います。大事なことは、安全と楽しさを最優先にして、続いて不要なコストはかけず気軽にチャレンジできる、ということだと思っています。

③いつ、どこへ、どのくらい、行くか？

「いつ（時季）」「どこへ（目的地）」「どのくらい（期間）」という三つのテーマは親子自転車旅の場合、それぞれが密接な相関関係にあり、一般的な自家用車や公共機関を利用する旅行などを計画する場合と大きく異なってきます。公共の交通機関を利用する一般的な旅行であれば費用の問題さえ解決すればある意味、距離や時間の問題も解決します。つまり、予算次第でどこへでも快適に行くことができる、ということになります。

しかし、自転車旅となりますとお金だけでは解決できない問題があります。自転車旅そのものが天候や個々の体力などに大きく影響される性質の旅ですので自転車旅を実践するそれぞれの方々に適したプランが必要になってきます。まして親子自転車旅となれば特に安全性の問題などにも留意しなくてはならなくなるので走行距離や走行ルートについてもそれなりの制約が出てくることもあります。

さらにそれに加えて宿泊を伴う場合には保護者の方の休暇の確保などを検討していかなくてはならず、一般的な旅行に比べてプラン作成の段階から頭を悩ますことになってきます。しかし、こうしたプラン作成に手間がかかることも親子自転車旅の醍醐味のひとつであり、自分でつくりあげた、また親子でつくりあげていく世界でたったひとつのゴージャスな旅となっていくわけなのでその手間を是非、楽しんで頂きたいと思います。

日帰りであろうと、宿泊をしようと、はたまた走行距離が長かろうが、また短かろうが、それぞれの方々が自分たちの様々な固有の状況を鑑みながら可能な限りでの思いが込められたプランを是非、楽しみながら作成してもらえればと願う次第です。繰り返しになりますが親子自転車旅に決まったパターンはありません。あえて言うならばお子さんやお孫さんと普段とは異なる長い距離を走行することには間違いないと思うので安全面についてだけは念頭において、それ以外はそれぞれの方々が自分たちにふさわしいプランを立てて楽しんでもらえたらと思います。

「どこへ、どのくらい行くか?」というテーマが決まればおのずと実践するタイミングも決まってくると思いますが、現実的にはお子さんのお休みや一緒に出かける親御さんの都合が優先されることが多いと思われます。そこで親子自転車旅を実践するにあたり「いつ、どこへ、どのくらい」というテーマがそれぞれ相関関係にあることを前提におきながら、まずは親子自転車旅をお勧めするべきタイミングについて記させて頂こうと思います。

基本的には親子自転車旅実践の時季については1年間を通じてどのタイミングで実践しても全く問題はないと思われます。自転車旅の魅力のひとつに春夏秋冬、それぞれの季節をダイレクトに体感できるということがありますが、さらけ出した身をもって四季それぞれの季節を身体で感じることができ、個人的にはどの時季でもお勧めです。

ただ自転車旅の場合、それぞれの季節の素晴らしさをダイレクトに感じることができるということは、逆にそれぞれの季節の厳しさをダイレクトに受け止めなくてはいけないということであり、それを避けることはできないことを忘れてはいけないと思います。目に映る緑鮮やかな景色の中を気持ちよく爽快に走行することのできる春には、状況によっては雨や雪よりもたちの悪い強い向かい風に苦しめられることもあります。また青い空、白い雲、輝く太陽の光の下、自由で解放感を感じながら走行できる夏には、必要以上に体力を奪われ、時には酷暑による熱中症に見舞われるリスクも大きくなってくると思われます。

身体をさらけ出す自転車旅は、それぞれの季節の素晴らしさを身体全体で感じられる分、他の公共機関や自動車を利用しての旅と異なり、気候や天候の厳しさやその突然の変化に大きな影響を受ける旅であるわけです。当たり前のことですが自転車には屋根も、エアコンも装備されていませんから天候の変化などに臨機応変に対応することは難しいのですが、だからといって自転車旅を中止にしなくてはいけないような要因になりうることは通常ありえません。ある意味、そうした試練を自然界からのメッセージとして前向きに受け止めて、自転車旅の思い出のひとつに添えてもらえればと思います。

自分なりに今までの自転車旅の経験から記させて頂くなら、厳しい条件のもと走行していた時こそ、忘れ得ぬ思い出として残っており、その経験はより大きな糧として残ることが多いです。そうしたことを前提に親子自転車旅に限って記させて頂くとするならば、季節としては、その他の要因も鑑みてやはり夏休みの時期をお勧めしたいと思っています。炎天下に走行し熱中症に怯えるようなことのない春や秋の方が気候的には自転車に乗るにはベストな状況だと思いますが、日帰りではなくすこしでも長い間、自転車旅をすることを考えると親子同時に休日がとりやすい夏休みを利用することの方が計画は立てやすいと思われます。

「炎天下に走行し熱中症に怯え……」と記しましたが私自身、親子自転車旅に限らず、学生時代の自転車旅からジリジリと照りつける太陽と闘いながら青い空、白い雲の下、汗を大量に流して走ることはある意味自分自身に「行」を課しているようなもので、それを克服した時は単に自転車で長距離を走り終えた以上の充実感を得られたことをよく覚えております。別に子供にそのような「行」を押し付けるつもりはないですが、親の立場からすると汗を流して喘ぎながら頑張っている姿を見ることができることは親冥利につきると思います。

あくまでも様々なことを勘案してのお話ですので、決して夏休みではなくても問題はありません。親御さんとお子さんの予定、そしてそれぞれの要望を検討して頂き決定していけば良いのではないでしょうか？　長年の自転車旅の経験からすると寒いよりは暑い方が装備を必要とせず、それに伴って装備重量も軽量化することになり寒い時季よりは暑い時季の方が自転車旅はしやすいと個人的には思っています。実は夏休みに親子自転車旅を是非お勧めする理由がもうひとつありますが、それは後述の「④イベント（企画）を入れよう」でお話しさせて頂きたいと思います。

親子自転車旅の実践においてふさわしい時季は「いつ？」ということについて大まかではありますがお話しさせて頂きました。引き続き次は親子自転車旅で「どこへ（目的地）？」ということですが「どこへ？」行くかということは「どのくらい（期間）？」行くか、ということと切り離して考えていくことは難しいですし、そうする必要もないと思います。親子自転車旅に費やすことのできる時間（期間）、また行きたいと思う目的地はそれぞれの方々で異なると思います。何を最優先にしなくてはいけないのか、また何をしたいのかによっておのずと親子自転車旅のプラン内容は見えてくると思います。決して目的地を定める必要はなく、ある地域を巡って出発地に戻ってくるような行程でも問題ないですし、遠方の地を目指して旅するのも良いと思います。

ただ親子自転車旅に費やすことのできる時間や費用、そしてお子さんの体力、一緒に走行する親御さんの体力などを総合的に勘案して決めていかなくてはならないと思いますので、そうした点を考慮していくとおのずと目的地は決まってくると思います。時間や費用に余裕があるのであれば宿泊を入れて自転車旅ができれば楽しさも増幅しますし、何より走行距離を延ばすことになり、目的地を遠方にすることができます。当然、それだけ体力も必要で身体的にも精神的にも疲れますが電車や自動車での旅とは異なり、走り終えた時の圧倒的な達成感の親子での共有は掛け替えのない宝物となると思います。

とはいえ長距離を走行しないからと言って自転車旅が実現できないわけではありませんし、仮に達成感が得られなかったからといってその自転車旅が失敗であるわけでもまったくありません。そもそも自転車旅に決まったルールや目的はないのです。走行する方の年齢や体力などを検討して頂き、可能な走行距離を予想しながら自分なりの目的地を最終的に決定していってもらいたいと思います。そして走行距離の長短に関係なく、親子自転車旅を走り終えたあと、アナログ地図を広げて、お子さんと「こんなところまで自分の力で走ったね」と声をかけてあげ、できればその頑張りを褒めながら親子自転車旅を走り終えた余韻をお子さんと一緒に噛みしめてもらえたらと思います。「泊まり」で出かければ走行距離も延ばすことができますし、旅自体にゆとりも生まれてくると思います。

しかし繰り返しになりますが、決して「泊まり」で親子自転車旅を実践しなくてはいけないわけではありません。特に小学校低学年のお子さんなどと初めて自転車で長距離を走行するような場合には身近な場所に日帰りで出かけてみることをお勧めします。これは決して低学年のお子さんと走行するからではなく、親子自転車旅に限らず自転車で長距離を走行した経験がない多くの方々に実践してもらえたらと思っています。まずは普段乗りなれた自転車で、簡単な装備と準備で、通常は自転車で出かけようとするような発想のない、でも行こうと思えば数時間、半日、または一日かけていくことができるような身近な目的地やルートを選んで親子で気軽に出かけてみてください。

私自身は学生時代から自転車で旅をしていたのでその経験から自分自身の走行可能距離は把握しておりますが初めて子供たちと出かけた時は彼らがどのくらいの距離を走行できるか、その判断は難しかったです。初めての時は皆さんも自分の走行可能距離はおおよそ想定できても子供たちがどのくらい走行できるのかを判断することは難しいと思います。体力のある子供もいればそうでない子供もいます。また体力はあるけれどメンタルな面で長い距離を苦手とする子供もいます。そのため自転車旅に出る前に一度、近場に出かけてみることをお勧めします。

距離を設定してその距離を完走することを目的とするのではなく、時間を設定してその時間でどのくらいの距離を走行できるか、を確認してみてください。具体的には2時間ほど走行した走行距離から1時間当たりの平均走行距離を算出し、その80%ぐらいの走行距離が最初に走る無理のない1時間当たりの走行距離となり、親子自転車旅として余裕のある自転車旅が楽しめると思います（2時間の走行とは片道1時間ほどの距離となります）。

一日の走行時間も走行する時季によって異なりますが、親子自転車旅となれば午前4時間、午後4時間、合計8時間ぐらいが一日の走行に費やす時間のひとつの目安になると思います。この目安時間には走行中の昼食時間や休憩時間も含まれておりますので実質の走行時間は7時間に達しないほどになります。

日帰り、宿泊、また夏季、冬季等でもその目安となる時間は異なるので一概には言えませんがひとつの目安となる走行時間だと思います。

走行時間に限らず自転車旅の基本は登山と同じく、早出早着が基本となります。できるだけ早く出発し、一日の前半に距離を稼ぎ、できるだけ早く目的地に到達できるようなスケジュールを組んでいくことがとても大事になると思います。早出早着の実践は時間的な余裕を生み出すことにつながり、何か小さなアクシデントなどがあってもその余裕が吸収してくれ自転車旅を予定通りに進めていくことができるようになります。

アクシデントと記しましたが、子供たちにとっては良い意味でのアクシデントに遭遇することが実はたくさんあります。見知らぬ土地を走りながら子供たちは目に入ってきたものに我々以上に興味を示し、その都度、足を止め、それに見入ったりすることが実に多いです。素晴らしい景色などで自転車を止め景色に見入るぐらいならまだしも、道端のヤドカリやクワガタなどが目に入ったらそれこそ見入るだけではすみません。橋の上から川を泳ぐヘビを見つけたらそのヘビが川を横切るまで眺めているわけです。少しでも先を急ぎたいと思っている私などは子供たちのそんな姿を見て時には煽ったりもしますが、考えてみればそうした子供たちにとって大切な時間を用意してあげられることも親子自転車旅の素晴らしさであることを思い返すと焦って先を急ぐ必要もないことに気づかされます。

時には走行中、海や川に入ったりすることもあり、そんな時は小一時間を費やしてしまったりします。先を急がないと予定の時間に到着できなくなったりするので気はせかされますが、とても贅沢な時間を過ごしていることを考えると先を急がせることも心情的にとても難しくなってきます。大人だけの自転車旅でしたらさほどそうした「未知との遭遇」や「寄り道」などはなく、ひたすらペダルを踏み距離を稼いでいくことになりますが、親子自転車旅の場合はそんなわけにはいかず、それゆえいつ何時「未知との遭遇」や突発的な「寄り道」が発生するかわかりません。そうした思わぬ大切な時間を過ごすことになってもその後の自転車旅に大きな負担とならないぐらい余裕のあるスケジュールを用意していくことがとても重要で、机上のスケジュール表をながめると一見、時間を持て余してしまうような内容にみえるかもしれませんが結果として、無駄とも思えるその余裕が充実した楽しい親子自転車旅にしてくれることは間違いないと思います。

特に一泊で自転車旅を実践する場合、できるだけ早く出発し、早すぎると思えるほどの時間に宿泊地に到着することで翌日の快適なスタートに向けて準備が可能になります。自転車旅は公共機関や自動車での旅行と異なり、体力の消耗も激しくなります。特に私が親子自転車旅を実践するにあたりお勧めしている夏休みなどは、酷暑の炎天下で長時間走行していくことも多くなります。距離が長くなったり、宿泊数が多くなったりすればするほどハードな旅となり、さらに親子自転車旅となれば、自己管理による自分の体力保持だけではなく子供の状況にまで気を配っていくことも大切なこととなりますので、単独での自転車旅以上に体力面、精神面におけるコントロールがとても大切になってきます。

基本的にはできるだけ涼しい時間帯に走行距離が稼げるように早い時間に出発し、目的地への早い到着を目指して翌日に疲れを残さず快適にペダルを踏めるようなスケジュールの実践の心がけがとても大事になってきます。一泊ではなく日帰りでの親子自転車旅の場合には一日の走行時間がもう少し長くなるかもしれませんが親子自転車旅として余裕をもって旅を楽しむのであれば基本的には前述してきた走行スケジュールがひとつの算出ベースになってくると思います。自分たちのおおよその走行ペースが把握できればあとは親子自転車旅に充てられる時間または日数等から自分たちなりの親子自転車旅の最適な走行スケジュールを持つことができるようになりますので、もし長い時間を走行した経験がなければ、いきなり親子自転車旅として長時間走行するのではなく、自分たちの走行ペースを計っていく上でも、往復で2時間ほどの走行計測を行ってみて、実際の走行距離、体力的な負担、その他問題点などを確認してみることをお勧めします。

普段乗りなれている自転車という乗り物ですが、乗りなれてはいますがサドルに長時間座って走行する、という経験は多くの方々がしておりません。それ故、普段乗っているにもかかわらず、数時間乗り続けてみると人によっては思わぬ問題が起こってくることがあります（サドルにいつも以上に座り続けることだけでサドルに腰を落とせないぐらいお尻が痛くなることがあります。結果、お尻を上げるために前傾姿勢になるため、はたから見ると競輪選手が必死でペダルを踏んでいる姿のように見えます。笑えない話です）。

親子自転車旅は特別な技術や並外れた体力を必要とするようなものではありません。ただ、楽しく、快適に親子自転車旅を実践するためにはやはりそれなりの準備が必要となります。公共機関や自動車を利用する旅と異なり自転車旅はより身体的にも精神的にもハードな旅となります。そうした旅に親子でチャレンジしてみよう、と思い立ったその瞬間、その思いと熱意が充実した素晴らしい親子自転車旅を実現させてくれるに違いありません。「いつ」「どこへ」「どのくらい」出かけるのか、ワクワクした思いで準備して頂き、その準備に本書が少しでも皆さんの参考になればと思い、ペンを走らせている次第です。

④イベント（企画）を入れよう

さて親子自転車旅を実践していくにあたりいくつかのポイントを記述させて頂きました。しかし、口で言ったり言葉で記したりすることは簡単なのですが実際、親子自転車旅をやってみたい、またやってみようかな、と思ってみてもなかなか具体的に計画を立てていくことは大変なことだと思います。前述させて頂いた「いつ」「どこへ」「どのくらい」という点についてだけ考えてみても実際、自分たちの場合はどのような内容がベストなのかその答えを見つけていくことは結構、難しいことだと思います。

自転車旅を一度でも経験してみればその経験から様々なことを理解し計画を立てることにも大きな力となってくると思いますが初めての場合は様々な迷いや疑問もありスムーズに親子自転車旅のイメージを膨らませていくことが難しいと思います。そうした時、親子自転車旅を実践していく上である種のイベントを取り入れていくと自転車旅の具体的な内容がイメージされ、それに伴い、「いつ」「どこへ」「どのくらい」についての詳細内容も必然的に決まってきて、その結果、親子自転車旅の全体像がイメージされてくることになると思います。

イベントと記しましたが親子自転車旅の目的と置き換えて頂いても構いません。見知らぬ土地に向かって普段走行しないような長距離を親子で走り切る、というだけで十分なイベントだと思います。そのことだけを目的として、その目的を果たすための「いつ」「どこへ」「どのくらい」を具体的に計画していくことでも全く問題ないのですが、それに加えてそれぞれの方々独自のイベントを取り入れていくことで親子自転車旅のイメージが明確になり、それに伴い具体的な計画もスムーズに進み、ひいては親子で走り終えた後、単に長距離を親子で走りきったということだけではなく、もうひとつの大きな目的を成し得た達成感をも得られることになります。そうしたイベントを取り入れることで単なるサイクリングとして終わるのではなく、いつの日か思い返されるようなお子さんの心に刻まれる親子自転車旅になっていくと思うのです。

大袈裟な言い方をしてしまいましたが親子自転車旅をただ親子で走る、というだけではなく、イベントというプラスアルファの試みを取り入れていくことで、より楽しくなる上に、ある意味、引き締まった親子自転車旅となっていくに違いありません。そんなプラスアルファにつながるかわかりませんがいくつかのイベントについてこれから簡単に紹介させて頂きたいと思います。そのまま実践されるのもひとつの方法ですし、またそれらをヒントに自分たちなりのイベントをアレンジして世界にひとつだけの親子自転車旅を計画、実践していくことに役立てて頂けたら幸いです。

自転車旅は天候変化をダイレクトに受けまた体力も必要とするので、一般的な電車や車での旅行の内容とはひと味もふた味も異なった旅になると思います。よって通常の旅行と違って、楽しかったからといって気軽にまた行こうと何回も出かけられる旅でもありません。私はそれでいいと思います。一度だけでも親子で自転車旅を実現して頂き、お子さんやお孫さんと一緒に汗を流して、素敵な思い出を刻んで頂けたらと思っており、そうした気軽に繰り返すことのできない親子自転車旅であるからこそ、オリジナリティあふれるイベントは親子自転車旅に掛け替えのない彩りを添えてくれることになるに違いありません。

イベント1　離れて住んでいる祖父、祖母のもとへ

お孫さんと自転車旅を実践しようとする方々には参考にならないかもしれませんが親子で自転車旅を計画してみたいと思っている場合には目的地を離れて住んでいるおじいちゃんやおばあちゃんのご自宅とする計画はいかがでしょうか？　現実的な問題はさておき、お孫さんが自分の力ではるばる会いに来てくれた、という事実はおじいちゃん、おばあちゃんにとって嬉しいことで素直に喜んでもらえることではないでしょうか？　しばらくはおじいちゃん、おばあちゃんの茶のみ友達への自慢話になることでしょう。

さて現実的なことを考えてみましょう。親子自転車旅に今回のイベントを取り入れ実践できるかどうかは祖父（祖母）宅までの距離の長さにつきると思います。遠距離過ぎても最初の親子自転車旅としては非現実的ですし、逆に近すぎてもきっと色々な意味でおもしろみや達成感の欠ける旅となってしまうでしょう。祖父宅までの距離を走りきることがひとつのイベントとなりますが、可能であればそれだけに終わることなくゴールに到達するまでの親子自転車旅のプロセスも是非、楽しんで

もらえるようなプランニングができればと思います。

実際の走行可能距離はお子さんの年齢や体力にも大きく関係してきますので、一概に決めつけることはできませんが初めて小学生のお子さんと親子自転車旅に出かけることを前提とするならば、1泊2日、最長でも2泊3日ぐらいが充実し、かつ達成感も得られる行程であると思います。お子さんの年齢や体力に大きく関係すると前置きした通り、お子さんが走行できるだろう距離によってその行程のイメージは大きく異なってきます。低学年のお子さんとであれば頑張って早朝から夕方前までに走りきれる距離なら、翌日の自宅までの復路のことを踏まえても十分達成感も得られ装備も最低限度の対応ですみますので気軽にチャレンジできると思います。

低学年のお子さんでも早朝から夕方近くまで走行する距離は普段、自転車に乗って走行する距離とは比べものになりません。おじいちゃんやおばあちゃんのところまでそんな長い距離を走りきれれば、おじいちゃんたちもお孫さんの大好きな料理を用意して待っていてくれていることでしょう。誤解のないようにお話ししておきますが、お子さんが小学生の低学年であるからこのような行程をお勧めしているわけではなく、中学年以上の小学生向けの行程内容としても全く問題ないですし、まして初めての親子自転車旅であればむしろそのくらいの少し余裕のあるトライで十分だと思います。

ただ中学年以上の小学生には日頃、野球やサッカーで身体を鍛え、一緒に走るお父さんやお母さんより元気なお子さんも多いですので、そうしたケースであれば初めての親子自転車旅へのトライで宿泊を取り入れた長距離の行程でも健康面と安全面に十分考慮したプランであれば体力的には問題はないと思います。

宿泊を入れ込んだ親子自転車旅については後述させてもらうとし、ここでは「おじいちゃんやおばあちゃんに会いに出かけてみよう」という親子自転車旅のひとつの提案をさせて頂きました。祖父母宅との実質的な距離で可能な場合もあれば、不可能な場合、また検討次第でできないことはない、などそれぞれの方々の立場でその実現の可能性は異なってくると思いますが、おじいちゃんやおばあちゃんの立場にたって考えてみると汗を流して自分たちに会いに来てくれたことを思うととても幸せな気分になりそうです。自分と子供だけが楽しむ自転車旅ではなく、「人を幸せにすることにつながるような自転車旅」もまた素敵な親子自転車旅のあり方のひとつなのかな、と思ったりもしています。

イベント2　宿泊しよう

親子自転車旅を初めて実践する場合、最初からいきなり長距離でなく、お子さんがどのくらいの距離を走行できそうなものなのか数時間のプレ自転車旅を実践してみることをお勧めしますと記させて頂きました。特に小学校低学年までのお子さんの場合、体力的な問題に加えてメンタルの部分についても状況を把握していくことが大切なことだと思っています。こうした話をさせて頂くといざ本番の親子自転車旅の計画もできるだけお子さんの負担にならないように短時間で行くことのできる行程や距離を長くしても日帰りや一日だけで走り終えるようなプランを作成しがちになります。もちろん、保護者の方の都合やお子さんの状況によって日帰りなどのプランでもまったく問題ないですし、普段とは比べものにならない距離を走行することで保護者の方もお子さんも達成感を得られ、その達成感を共有できる喜びを感じ得ることは間違いありません。

そうした中、私はあえて親子自転車旅に「宿泊する」というイベントを取り入れてもらえたらと思っています。それはどんなパターンの宿泊でもいつもと異なるところで寝て起きるという行動が加わることだけで単に親子で自転車走行するという行動が一挙に「遠足」の域から「旅行」というものに格上げされるからです。お子さんにとって遠足は楽しいものです。でもそれ以上に見知らぬ場所で寝食する「旅行」は大人が想像する以上に心をときめかせることであろうことは自分たちが子供であった時のことを思い起こせばよく理解してもらえることだと思います。

旅行の魅力のひとつの要素に「日常」から「非日常」への逸脱があると思います。公共機関や自動車を利用した旅行よりもダイレクトに非日常感を得られる自転車旅に、さらに宿泊というイベントを入れ込むことでより非日常感を高めていく旅行につながっていくわけです。自転車旅は素敵な旅ですが、身体的にも精神的にもハードな旅であることはまだ実践したことのない方でもおそらく想像して頂けることだと思います。親子自転車旅においてもその基本的な状況は変わりませんが、そこに「旅行」たらしめる要素である「宿泊する」というイベントを取り入れることで、そのことがワクワク感を高め、親子自転車旅の楽しさをより一層膨らませて、通常の旅行にくらべて身体的にキツイ自転車旅の励みにもつながってきます。

そんな理由から数時間のプレ自転車旅を終え、いざ本番の時には是非、宿泊を組み入れたプランを設定しお子さんに提案して頂けるとお子さんも普段、友達と一緒に自転車で出かけているスケールとは異なるイメージを一瞬にして膨らませ、親子自転車旅にとても前向きに、かつそれを楽しみにしてくれるようになるのではないかと思います。「宿泊する」というイベントの設定をお勧めするとその分遠くまで走行できるから目的地をより遠方にできる、また逆に目的地を遠方に設定しなくてはならない、という思いを抱かれるかもしれません。しかし、そうしたことで頭を悩ます必要はありません。宿泊を取り入れることで走行距離を延ばそうとすることは問題ありませんが、宿泊を取り入れたからといって、必ずしも大幅に走行距離を延ばす必要はありません。むしろ宿泊するプランを取り入れながら走行距離を延ばさないことでとても余裕のある自転車旅に仕上がっていくと思います。

同じような距離を走行することをイメージしてもらえれば理解してもらえると思いますが、同じ距離を一日で頑張って走り切る場合と二日に分けて走行するのでは、一日に走行する距離が異なり、当然、体力も温存され、その回復も異なります。そのことによって生み出される余裕が安全な親子自転車旅に何より大きく影響します。疲れがたまったり、無理をしたりすると思わぬケガをしたり、またトラブルに巻き込まれたりすることもあるからです。

親子自転車旅に限ったことではありませんが、特に自転車旅の場合、時間的な余裕は自転車旅を楽しく豊かにするかどうかの重要なファクターであるのです。走行していると立ち寄ってみたい場所を発見することがあります。それは史跡、博物館、また素晴らしい景勝地かもしれませんが、自転車旅の場合、おいそれとすべて立ち寄っていくことはなかなか難しい状況です。ルートから離れていれば体力、時間が失われ、その結果、余裕が失われどうしても追われる旅となってしまう可能性があります。公共機関や自動車利用であればロスした分のリカバリーは簡単ですが自転車旅となるとそう簡単なことではありません。そうした意味からも常に余裕をもって走行できるスケジュールで親子自転車旅を実践していけることが理想の姿だと思っています。

仮に海岸線を走行しているとしましょう。すぐそばに砂浜に下りられる場所があり、お子さんが行ってみたい、と望んだとしましょう。楽しい思い出をたくさんつくりたい親子自転車旅ですから当然、お子さんのリクエストには応えて、一緒に足だけでも海に浸けさせてあげたいと思うのが親心だと思いますが、しかし実際、そうすれば小一時間は時間を費やすことになってくると思います。先の行程を考えるとここで体力の消耗や時間のロスは避けたいので海は眺めるだけにしとこう、という効率重視の結論に達してしまうことになってしまうかもしれません。

決して海だけの話ではありません。すでに前述させて頂いたことで繰り返しになってしまいますがお子さんは未知の世界を走っていくことで様々な物、生き物に興味を示したりします。田園や山道を抜ける国道の歩道などを夏に走行したりするとごく当たり前にクワガタやカブトムシ級の虫たちを目にします。都会の子供たちにとっては普段デパートやスーパーでしか見かけることがない超大物たちがすぐ下の足元を這いつくばっているわけです。公共機関や自動車の移動では決して経験することのできない突然の「未知との遭遇」で彼らは足を止め、観察したり、そのあたりを捜索し始めたりしてまたまた小一時間を費やしたりすることになったりします。普段でしたら時間がないからとせかすところですが、せっかくの親子自転車旅、子供の思うような行動をとらせてやりたいのがこれまた親の人情で、こんなことをしている間にどんどん走行する時間や体力が失われていってしまうわけです。

同じ自転車走行でも大人たちがロードレーサーで走行距離や走行時間を追求し、ある意味、その走行の結果だけを求めていくような「移動」行動とは異なり、親子自転車旅は、単なる人力による移動行動の結果ではなく、親子で共にペダルを踏みながら、大袈裟に記すならばその過程における日常生活からの逸脱、つまり非日常の体験を共有することなどがその目的であると思っています。そうしたことを踏まえて考えるとお子さんのせっかくの貴重な非日常体験を奪わないためにもできるかぎりの時間的余裕のある親子自転車旅プランを立てていくことが親子自転車旅を膨らませ、より楽しくしていくためにとても重要なこととなっていくわけです。

その時間的余裕を生み出していくひとつの術として「あえて宿泊する」、というイベントを組み入れていくことが充実した親子自転車旅を行っていくために大きな効果を生み出していくと自分の経験から感じているわけです。お子さんにとっては海に入ることも道路を這っているカブトムシにときめくことも非日常な世界だと思います。「遠足」ではなく「旅行」という非日常のイベントをあえて取り入れていくことで親子自転車旅が単なる「移動」行動に終わるのではなく、お子さんがじっくりと非日常の世界と向き合うことができたり、またそのことを親子で共有することができたりする充実した中身の濃い親子自転車旅の実現につなげていくことができると思っています。

もう少し具体的に宿泊を組み入れた親子自転車旅に関してお話をさせて頂きましょう。「宿泊する」ということをお勧めすると旅館やホテルなどをイメージされる方々も多いでしょう。一日の走行の疲れを癒やすには旅館の温泉や舌鼓を打つようなおいしい料理はたまらないものです。実際、5年間の私の親子自転車旅の中でも旅館やホテルを利用させてもらいました。海岸近くの旅館の露天温泉風呂に浸かり息子と夜空を見上げ星を眺めたりしたことも良い思い出です。いたれりつくせりの旅館やホテルでの宿泊も親子自転車旅を充実させてくれたことには間違いありません。ただここでは前述してきたように旅の本質である日常から逸脱しての非日常の体験、という観点から旅館やホテルでの宿泊ではなく親子自転車旅ならではの少し趣向を変えた宿泊についてお話しさせて頂きたいと思います。

宿泊を取り入れた親子自転車旅となると記してきた通り、親御さんの確保可能な休日数やお子さんの年齢や体力などでおのずとその日数は決まってくると思います。初めての親子自転車旅でしたら連泊する計画などではなく、走行距離も無理のない設定で、そこに一日だけの宿泊を入れたプランにしただけでとても余裕のある親子自転車旅が可能になってきます。そうした基本的なプランを前提にお話しさせて頂きますがひとつの提案にキャンプがあります。キャンプというと大袈裟なイメージを持たれるかもしれませんが、単にテントを張ってそこに宿泊するというものです。キャンプだから食材やコンロを持って自炊しなくてはいけない、というイメージをお持ちかもしれませんが自炊などする必要はありません。もちろん、食材を入手して、お子さんと一緒に手料理を用意することができればより楽しくなるでしょう。

キャンプをメインに考えて自転車旅の計画を立てていくことも楽しくなるプランだと思います。

ただここではテントを利用しますが本格的なキャンプを行うことを勧めているわけではありません。計画した親子自転車旅の行程をしっかり完走することがひとつの目標でもあるので、キャンプ活動に体力や時間を奪われると翌日の走行に差し支えがありますから最低限度のキャンプ活動にとどめることになります。それでもお子さんはテントでの宿泊にワクワクドキドキして非日常世界の体験に心をときめかせてくれると思います。

食事などは事前にコンビニなどで用意しておけば事足りますが、それではあまりにも「日常」そのもので避けたい、というのであれば自炊できる簡単なコンロを持って行ってインスタントラーメンやうどんなどを基本に具材を追加してオリジナリティあふれる食事を用意してもらえたらと思います。私はいつもそんな時にはインスタントラーメンにベーコンとコーンを入れただけの特製塩ラーメンを子供たちに用意していますが小さい時から食べさせているせいか「パパラー」と命名され自分で言うのもなんですが好評をもらっている一品であります。

繰り返しになりますが決して自炊して食事を用意する必要はありません。できれば食事だけではなく子供が好きなデザートまたお菓子などを事前に用意しておいて、それをおともにテントの中での子供たちとの大切な憩いの時間を過ごしてはいかがでしょうか？　一般的なキャンプはキャンプ自体がメインイベントですからそれ以外のことはあまり考慮する必要はありません。しかし親子自転車旅の場合は翌日も走らなければなりませんので、体力を温存しつつ非日常を感じながら楽しい時間を過ごす工夫が必要になるわけです。

こうしたキャンプの提案をさせて頂くと身近にキャンプができるところはない、という思いを抱かれる方も多いと思います。都市から離れている郊外地域の場合、海岸地域や山、河川の近くにキャンプ場があったりしますが、都市近隣地域の場合、身近にキャンプ場がない、と思われている方も多くいらっしゃると思います。ただインターネットや行政情報を利用してもらうと身近な地域で思わぬところにキャンプ場を見つけることがあったりします。都市生活をされている方々はキャンプ場というと郊外、または地方まで出向かないとないと思っている場合もあると思いますが、親子自転車旅で往復してくるにはほどよい距離にキャンプサイトが存在している場合も多いですので是非、一度、調べてみてください。

ちなみに私は東京在住ですが、都内の23区内に行政が管理しているキャンプ場がいくつかあります。東京湾に面した公園などに設定され、中にはテントやバーベキュー道具なども貸し出しており、手ぶらでキャンプを楽しめるところがあります。こうしたサービスはキャンプが目的でキャンプに必要な様々な道具や食材を自動車で持ち込める状況であればあまり利用することもないかもしれませんが、あまり荷物を持っていけない自転車旅でキャンプを行うには実に便利なサービスです。

必要最低限の装備を自転車に積み、必要であればキャンプ場のサービスを利用し、お子さんとシンプルなテント宿泊をする、こうした親子自転車旅＋キャンプのプチキャンププランはいかがでしょうか？　バーベキューなど本格的なキャンプを楽しむことはできないかもしれませんが普段できないようなお子さんとテントの中で小さなパイロットランプの明かりだけでゆっくり時間を過ごすことができたりします。そんなシチュエーションの時はなぜか自宅ではあまりしないような話題などについて話をすることができたりするもので親子ともども素敵な時間をもつことができると思います。決して遠くまで出かけなくてもプチキャンプで宿泊できるような施設を見つけて頂き是非、検討してみてください。どこか遠くの目的地に向かってひたすら走行するような親子自転車旅ではなく、プチキャンプをひとつのイベントとして、あわせてキャンプ地までの往復を親子自転車旅として楽しむ、きっとお子さんは喜んで一緒に走ってくれると思います。

キャンプ泊を中心に長期自転車旅を続けることは私自身国内でも海外でも行ってきましたがそのネックはやはりそのための装備の重量だと思います。沖縄を子供たちと巡っていた時にテントを利用しましたが軽量化が進んだとはいえ、キャンプ道具一式を装備するとなるとそれなりの重量になり、なおかつ親子自転車旅となると子供の装備まで親がサポートせざるを得ない場合もありますので親子自転車旅での本格的なキャンピングはあまり勧められません。しかしながらキャンプ道具の貸し出しが行われているような施設の利用は、経済的なコストはかかりますが初めての親子自転車旅などでは有効でかつ自転車旅とキャンプの両方を楽しめるおいしい親子自転車旅となるはずです。

プチキャンプなどを取り入れた親子自転車旅について記してきましたがこうしたプランはあくまでも一例であって、通常の旅行のように旅館やホテルを利用せず、より親子自転車旅を引き立て、思い出深い旅に仕立てる宿泊方法は他にも色々とあります。

旅館やホテルと同様に宿泊施設の利用となりますが「民宿」なども私自身よく利用させてもらいました。旅館やホテルと異なり断然アットホームな雰囲気もありますし、何より民宿は子供を歓迎してくれます。民宿は家族で経営されている場合が多く、自転車旅などを行っている親子には実に温かいサービスや雰囲気を提供してくれるひとつの民宿の文化みたいなものがあり、これはどこの民宿へ行っても感じることができました。旅館やホテルでは得られないアットホームな民宿ならではの温かさを親子自転車旅では特に感じさせてくれるのではないでしょうか。

また自転車旅の宿泊の王道かもしれませんがユースホステルに宿泊することもおもしろいと思います。国内の場合、観光地または都市圏にユースホステルは存在していますが、以前のように会員登録するような必要はないので気楽に空いていれば宿泊できるようになりました。身近なところにユースホステルがあるならば、そこに宿泊することを前提に親子自転車旅の走行プランを作成しても良いのではないでしょうか。何より一般の旅館やホテルなどに比べたら食事代をあわせてもかなりのコストパフォーマンスを発揮すると思います。

私は若い頃からの自分自身の自転車旅で国内外各地のユースホステルを利用させてもらいましたが、実のところ東京都内のユースホステルを使用したことがありませんでした。初めて東京のユースホステルを利用したのが息子と親子自転車旅を行っている時でした。大都会のど真ん中にあるユースホステルでしたが、一般的なユースホステルと同じで部屋は2段ベッドの相部屋です。東京のユースホステルですから日本人より外国人の方が多く、息子のベッドの上の方もアメリカ人の旅行者で、終始息子も緊張しているようでした。また日本人、外国人問わず自転車で国内を巡っているサイクリストと一緒になることも多く、そうした方との情報交換も楽しいものです。

日帰り圏にあるユースホステルにあえて泊まることで、異文化交流を体験でき、ローコストで魅力いっぱいのユースホステルを使用しない手はありません。大都市圏には必ずユースホステルがあるので、身近な地域での親子自転車旅を楽しんで、そこにユースホステルでの宿泊を組み入れる計画もおもしろいのではないでしょうか。通常のホテルや旅館の宿泊ではできないことを見たり、聞いたり、また出会いがあったりして貴重な体験をすることができ、コスモポリタン的旅情感あふれる雰囲気の中でオリジナリティあふれる親子自転車旅に仕上がるのではないでしょうか。

プチキャンプ、民宿、ユースホステルなど、親子自転車旅での宿泊方法について記させて頂きましたがもっとワイルドな宿泊方法としてシュラフ（寝袋）ひとつで駅に泊まるようなプランを立てることも可能だと思います。一言でいうならば野宿可能な地域での宿泊です。北海道などの駅舎では夏休みなどにツーリストに開放している場合もあり、多くの旅行者がシュラフだけで寝泊まりして旅を続けていたりします。私自身、国内外を問わず様々な地域においてシュラフひとつで寝泊まりしてきました。シュラフひとつで寝泊まりできる野宿は初めての親子自転車旅ではあまりにもワイルド感あふれてある意味、ハードルも逆に高くなってしまう宿泊プランなのかもしれませんが北海道やツーリストの集まる地域での親子自転車旅の実践であれば事前に確認してみるのも一興かと思います。ユースホステル同様、サイクリストだけではなく、オートバイやヒッチハイクで旅をしている人たちなど様々な方々がいて情報交換と同時に多くの刺激を受けることとなるかもしれません。1泊2日ほどの予定で、なおかつ最初の親子自転車旅での野宿は安全に野宿ができ、同時にその場所が身近にある、という状況でないと実現不可能だと思うので実際には実現することは難しいことと思いますがもし実践できればユースホステル以上に日頃経験できないシュールな体験を親子ですることができ、お子さんにとってはかなり思い出深い旅となると思います。

さてプチキャンプからはじまり民宿、ユースホステル、駅などでの野宿などこれまで親子自転車旅を引き立て非日常の世界へ誘い、思い出深いインパクトある親子自転車旅の実現へお役に立てる話ができたかどうかわかりませんが少しでも親子自転車旅の最初のイメージを膨らませていくことにつながっていけばと思います。繰り返しになりますが、決してご紹介させて頂いた内容がベストではなく、旅館やホテルを利用する親子自転車旅も楽しいもので、宿泊を入れた最初の親子自転車旅にとって旅館やホテルの利用は記させてもらった他の自転車旅パターンよりも自転車旅をスムーズに運ぶことに大きく寄与してくれるはずです。ある意味、至れりつくせりの旅館やホテルを利用することで、走行することに専念できるということは大きなメリットだと思います。いずれにしろ、どのような宿泊手段でも初めての親子自転車旅で実践可能なものだと思いますので、それぞれの方々が自分たちの状況に合うように様々なアレンジを加えてもらえればと思います。

走行距離も宿泊日数もわずかな小さな親子自転車旅かもしれませんが世界でひとつだけの親子自転車旅には間違いありません。お子さんとの大切な思い出となる充実し、楽しくそして何よりも安全な親子自転車旅として仕上げてもらえるように是非、あえて「宿泊をする」というイベントを組み入れて素敵な親子自転車旅を実現していってください。

イベント3

自由研究（体験学習など）もあわせて

本章「③いつ、どこへ、どのくらい、行くか？」で「親子自転車旅を実行する時季として個人的には夏休みをお勧めする」ということを記させて頂きましたが、その理由を前述してきた内容に加えてもうひとつここで記させて頂きたいと思います。

今まで記させて頂いた通り、親子自転車旅は時季にかかわらずいつでも実践可能であることを理解して頂けたと思います。天候に関する点だけであれば、雨や雪よりは晴れ、寒いよりは暖かい、強い風よりは弱い風、などの方がより負担が少なく安全に自転車旅を実践できることを想像できますがこうした要件は絶対的ではないので一概に言い切ることはできません。

実際に長い距離を自転車で走行することを考えれば雨や雪よりも風の方が大きな問題ですし、その風も向かい風ではなく、追い風であれば吹き飛ばされそうな強風でも歓迎したくなります。また寒いよりは暖かい方が望ましいかと言えば、その受け取り方は個人差によってかなり変わってきて、夏の炎天下で走行することを考えれば、手が悴《かじか》んでくるような寒い時期でも走り出せば身体も温まるので暑いよりは寒い方を好む方々もいらっしゃると思います。このように気象状況で親子自転車旅のベストな時季を決定づけることはできないわけで、本章③で前述したように親子自転車旅を実践する方々の様々な状況を考慮して決めて頂いて全く問題ありません。

そうしたことを踏まえながらも私があえて夏休みに親子自転車旅を計画し、実践していくことを特にお勧めする理由は、夏休みの青い空、白い雲の下で解放感いっぱいに快走できる夏特有の気候的な状況に執着する個人的な事由、保護者の方々が休暇取得しやすいなどの実践実現のための現実的な事由、それらにあわせて、親子自転車旅をお子さんの夏休みの自由研究課題（以下、自由研究）などに活かすことができるということがその大きな理由です。

夏休みの自由研究は各自が様々なテーマを見つけて作成するものですがなかなかそのテーマが見つからず苦労することも多く、それゆえ後回しになって最後にはほとんどできあがった既製の模型を工作として提出したり、インターネットからの情報をほぼコピーしたりして作成するような場合もあるようです。あわせて夏休み終盤に親御さんの協力も得ながら焦ってまとめ上げるようなことも多く、親子共に負担が強いられる大変な作業であるにもかかわらず、その割には本来の自由研究を行う目的を果たせず、ある意味、夏休みの形式的なセレモニーのようになっている現実もあるようです。もちろん、すべての方々がこのようなかたちで自由研究と向きあっているわけではなく、多くのお子さんたちが貴重な夏休みの時間を有効に使って本来の目的を果たすべく自由研究に取り組んでいますがそのテーマの決定やその実施が大変であることには違いありません。

そうした状況の中、夏休みに親子自転車旅を実践し、その記録や学習事項などを夏休みの自由研究として行えばお子さんと楽しい時間を過ごしながらも夏休みの手ごわい宿題もかたづけてしまうことができるわけです。夏休みの自由研究のために夏休みに親子自転車旅を計画するわけではありませんが、あらかじめ親子自転車旅を自由研究に利用することを考えておくならば、事前に自由研究のテーマを考慮した計画を立てていくことになり、その親子自転車旅のひとつのイベントも明確になっていくことで親子自転車旅の内容もより早く具体化されていくと思います。事前に準備された親子自転車旅は結果として充実した内容の旅となることは間違いありません。

親子自転車旅を夏休みの自由研究に活かしていく、と記しましたが、では具体的にどのような自由研究を仕上げていくことができるでしょうか？　当然、お子さんの学年等によってその内容は異なってくると思いますが基本的にはその最終的な課題への取り組みの深さや仕上げ方が異なってくるだけで目指すテーマは同じでも全く問題ないのではないでしょうか？　自由研究の課題のテーマみたいなものをあえて用意することなく、親子自転車旅自体の手記だけでも十分な課題作成だと思います。短い走行距離かもしれませんがその自転車旅のルートなどを中心に、写真やイラスト、自転車旅中に起こったアクシデントや楽しい思い出などを取り入れた親子自転車旅の旅行記としての記録は自由研究としてだけではなく、家族や周りの方々にも親子自転車旅の内容を見てもらえる自分たちの貴重な思い出の記録として残すこともできることになり、その後も宝物として大切に保管されていくと思います。

私の子供たちも毎年、親子自転車旅の記録を大学ノート一冊にまとめて自由研究として提出していました。自転車旅の行程に関する地図や訪れた先々での各種パンフレット、写真などを織り交ぜながら、それぞれにコメントを記して自分たちなりの旅行記として仕上げていました。多くを語らなくてもどんな親子自転車旅であったのかは目を通してもらった方々にはわかってもらえたようです。私は毎年、子供と自転車旅を行っていたのでその自由研究としての毎年の旅行記が最初の低学年の時の旅行記よりも徐々にグレードアップされてきたのがわかり、子供の成長もその旅行記から感じられ子供ではなく親の私がその旅行記を大切に保管してしまっている始末です。

自由研究として旅行記の例をあげて記しましたが、旅行記では自由研究にならない、またしたくないという親御さんやお子さんもいらっしゃることでしょう。もし自転車旅で行くことのできるところにお城などの史跡などがあるようであれば、そうしたお城を切り口として歴史的な考察を行っても良いと思いますし、博物館があるのであればそこで見学した内容などについてレポートをまとめても良いのではないでしょうか。いずれにしろ、親子自転車旅の行程の中で行うので長時間費やすことはできないかもしれませんが、現場に出かけてみることで写真なども含めた様々な生きた情報も入手することができるのでその情報をもとに自宅に戻ってからまとめ上げればスムーズにまとめることができると思います。可能であればお城などの史跡や博物館などについてはいくつかを巡るようなプランであるとスタンプラリーみたいな楽しさも出てきて、より話もはずむ親子自転車旅となっていくのではないでしょうか。

私と子供たちとの親子自転車旅の最終目的地はアジア太平洋戦争に関する戦跡や資料館などにしていたので、子供たちは自転車旅の記録とあわせて最終目的地として訪れた戦跡や資料館での体験や情報をまとめていました。平和学習などというような大袈裟なものではありませんが自転車旅の旅行記に少し「学び」の部分を取り入れることでより夏休みの自由研究としてのかたちをなすものに近づいたかもしれません。

自転車旅だけでも十分「学び」を得られることなので親子自転車旅の記録を綴った旅行記でもまったく問題ないと思いますが私たちの場合は、毎年、親子自転車旅を行っていて同じテーマでペダルを踏みながらも、毎回、目的地やその旅の内容も異なっていましたので、毎年、親子自転車旅の記録を自由研究として作成、提出できた次第です。逆に言うならば子供たちは毎年、自由研究は親子自転車旅と決めていたのである意味、新鮮さのない手抜きした自由研究となっていたかもしれません。

さて、ひとつの提案として自由研究対策のために親子自転車旅を夏休みに実践することをお勧めさせて頂きました。親子自転車旅を夏休みに実践されようとするならばいくつかの面で好条件であることに加えて、自由研究に結び付けて親子自転車旅を仕上げていくことが可能で、結果、より有意義な親子自転車旅となっていくのではないでしょうか。

最後にひとつだけ生意気なアドバイスをさせて頂きたいと思います。自由研究を親子自転車旅であわせてかたづけてしまおうという目的のもと夏休みにおける自転車旅を実践することを私はお勧めしました。ただ自由研究という名目に無理やり親子自転車旅を結びつける必要はないと思っています。私がお伝えしたいのは、夏休みに親子自転車旅を行えば自由研究などにもその体験をうまく利用することができる、ということであって、自由研究のために夏休みに親子自転車旅を実践してもらいたいと、お伝えしているわけではない、ということです。

私は親子自転車旅を続けてきて、いや子供たちと今まで向き合ってきて、できるだけ彼らの視点を大事にして興味を持ったり、目を向けようとしたりするそのきっかけや時間を大事にしていかなくてはならない、と思うようになりました。親子自転車旅で親御さんと一緒に走る皆さんのお子さんもそのゴールまでのプロセスで様々なものを目にしたり、触れたりすることの一つひとつが貴重な体験学習となり、それが目先の自由研究や学びによる気づきにつながることはなくとも、いつの日かその時の体験が突然花開き、お子さんの成長に大きく影響することにつながっていくことになるのではないかと思っています。その時に親子自転車旅の思い出がお子さんの心で覚醒されて、再び心に刻まれていくのではないかと思うわけです。

お子さんは自転車旅の先々で様々なことに興味も持ち、心をときめかせ、ある時には心を揺さぶられるようなこともあると思います。そうした機会を子供たちに用意してあげるためには物理的にも精神的にも親子ともども余裕をもって自転車旅を続けていける状況が必要ではないかと思います。自分をさらけ出した旅である自転車旅はただでさえ公共機関や自動車を利用する「旅行」とは異なり、多くの刺激を常に受けながら続くことになります。せっかくの貴重な体験にじっくりと向き合うことができるように様々な状況を勘案して、可能であれば親子自転車旅は夏休みに実践していくことをお勧めしたいと思っている次第です。

⑤あえて「見知らぬ世界へ」

親子自転車旅の実践編としていくつかのイベントを絡めたお話をさせて頂きましたが記してきた以外にも実践する様々な方々の千差万別の親子自転車旅の姿があると思います。パッケージツアーなどのパターン化された旅行ではなく、すべてがフリープランでそのプランニングから実践まで自分たちで行うわけですので、旅行代理店などに依頼する一般のツアーなどとは異なり、色々と大変ではありますがその分、充実したダイナミックな旅が実現できると思います。何より旅する伴侶たちは愛する息子さんや娘さん、そしてお孫さんたちです。長期間、また長距離でなくとも大切な彼らと素敵な時間を過ごすためのプランニングをしていくことを想像しただけでも楽しくなるのではないでしょうか？　こんなところに行ったら喜ぶかな、こんな場所に泊まったら喜ぶかな、などとお子さんやお孫さんたちの笑顔を思い浮かべるとプランニングにも力が入ってしまったりすると思います。

　そうしたプランを立てていくときに念頭において頂けたらというひとつの思いがあります。それはプランニングはとても大切なのですが、だからと言って緻密すぎる計画を立てる必要はない、ということです。この事は今まで私が記してきたことと少し矛盾した内容となってしまうかもしれません。できるだけ詳細な計画をしっかり立てて親子自転車旅を実践することは望ましい姿であるのですが、実はそうでなくても素敵な親子自転車旅は実現できる、ということを知って頂きたいと思っている次第です。極端な言い方をさせて頂くならば、自分自身の経験から最低限の計画と準備で親子自転車旅を実践した方がむしろ印象的で思い出深い自転車旅に結果的になる場合がある、ということを感じていて、ここではそのことについて少しお伝えできればと思っています。

少し具体的にお話をさせて頂きましょう。初めて親子自転車旅を実践してみよう、と思われる方々は安全面を重視してとりあえず自転車専用道路が設定されているルート、例えば「しまなみ海道」などのような自転車専用道路を親子でサイクリングしてみようと計画されることも多いと思います。安全面に問題がないだけではなく、レンタル自転車もあるので身体ひとつで親子サイクリングが楽しめることになります。ロケーションもとても素敵なので天候に恵まれ、またある一定の体力、あと一定の気力？を持ち合わせていらっしゃれば走る距離にもよりますが快適なサイクリングをすることができると思います。まして「しまなみ海道」でしたらインターネットをはじめ情報も豊富ですので自宅にいて簡単にプランニングが可能です。よって様々な状況を勘案した結果、「よし、しまなみ海道を息子と走ろう！」と最初の親子自転車旅をスタートさせてもらってまったく問題ありません。

ただここであえて少しひねくれた視点で意見を述べさせて頂くことをお許し頂きたいと思います。「しまなみ海道」のロケーションはとても素晴らしく、綺麗な海と数多くの美しい姿の橋を眺めながら走ることも楽しいのですが、前述した通り、情報が多すぎて「しまなみ海道」を実際に走行する前からそのロケーションは何回も目にすることになってしまうかもしれません。現場に立ってリアルにその素晴らしさをあらためて感じながらも、それまでに多くのインターネット上の写真、時として動画などを目にすることになり、もしかするとその感動がかすれてしまうこともあるかもしれません。また情報が氾濫している分、親子や家族でのサイクリングパターンが画一化されてきてしまい、確かに「しまなみ海道」を走ったがインターネットで公開されている情報と同じ経験をしてきただけに過ぎないと思ってしまうようなこともあるかもしれません。

「しまなみ海道」は私も子供たちと走行しており、とても素晴らしいロケーションの中を安全に走行できるので、こんな「自転車専用道路」が国内各地にたくさんできれば、と思ったものでした。まだまだ体力が備わっていない小学生の子供が自分の力だけで長い距離を走行していく、というだけでも十分な意義があり、まして素晴らしいロケーションの中であれば楽しさも加わり、その内容が仮にパターン化され他のみんなと同じようなサイクリングだったとしてもそれはそれでとても大切な経験で貴重な親子での、また家族の思い出となることは間違いありません。ですので「しまなみ海道」には親子自転車旅で是非、チャレンジして頂きたいのですが、その際、前述させて頂いたように緻密すぎるプランは必要なく、あえて飛び込んでくる情報を遮断するぐらいの気持ちをもっておおまかな最低限の計画で挑んでもらってまったく問題ない、と私は思っています。

私は親子自転車旅の魅力のひとつに自転車旅を通じて見知らぬ世界へ足を踏み入れていくことで得られるときめきや感動を親子で共有できることがあると思っています。そうした観点からみた時に緻密な計画でお膳立てされたプランよりも必要最低限の計画と準備で実践する旅の方が実は結果として楽しかったり、思い出深かったりする旅になり得る可能性があることを自分自身の今までの自転車旅で感じてきました。決して綿密なスケジュールのもと、親子自転車旅を実践していくことを否定しているわけではありません。ただスケジュールがしっかりしていればいるほど、その予定通りに実践していくことが必要になってしまい、せっかくの自転車旅自体が日常生活の延長のように薄っぺらく、平淡な内容になってしまうことがあるわけです。

自転車旅の場合、公共機関や自動車などで旅行する場合と異なり、気象状況やその日の体調などによって計画通りに走行できないこともありますので、そうしたことを踏まえると、ある意味、大雑把とも言えるようなプランの方がゆとりある自転車旅が可能になってきます。お子さんとの自転車旅なので安全面についてはしっかりとした備えが必要となりますが、それ以外のことについては、日帰りでも宿泊を伴った場合でも、とりあえず目的地（宿泊場所）、走行距離、走行時間、走行ルートなどが決まっていれば自転車旅は実践でき、走行距離や走行時間も概算的な計測とそれをもとにした予想による計画レベルで十分実現可能なのです。

走行距離などについてはアナログの道路地図ひとつあればおおよその計測が可能です。むしろアナログ地図の方が、地図をなぞりながらこれから訪れる世界を自分たちでイメージしたりすることもできて楽しい作業になると思います。インターネットでの情報入手を全面否定しているわけではなく、クリックしたら一瞬にして訪れる地の画像が飛び込んできてしまう便利さと裏腹に何かとても大事なものを失ってしまっているような気がなんとなくしてしまっているのかもしれません。

親子自転車旅の魅力のひとつに未知の世界へ足を踏み入れた時に得られるドキドキしたり、ワクワクしたりするような気持ちのときめきや感動を親子で共有できることがあると思います。そう考えた時、多くの情報を事前に入手して綿密な計画のもと自転車旅を実践するよりは最低限の計画と準備で挑むことの方が良くも悪くもサプライズは多くなり、ある意味インパクトが強い自転車旅となるのではないでしょうか？　繰り返しになりますが計画を密に立てなくて良い、というお話をしているのではなく、密に計画を立てなくとも親子自転車旅を実現することは十分可能で、時としてむしろその場合の方が自転車旅ならではのダイナミックで新鮮な経験をすることができるかもしれない、ということをここでお伝えしたいと思っているわけです。

仮に山道の峠を越えるルートを走行することを考えてみましょう。綿密な計画を立てようとした場合、インターネットなどでその山道の距離や勾配などを事前に調べて、どのくらい上り、どの地点から下りになるかなど、またはストリートビューなどで現場の状況まで確認することができ事前にほぼ全ルートを把握して自転車走行に挑むことができます。ですからどのくらいキツイ上りがあり、またそれがどのくらい続くのかを出発する前からイメージすることができ、走行する景色も確認することができます。それに対し、必要最低限での計画の場合、山道であることぐらいの把握、時としてそのことすら知らずして旅立ち、その結果、曲がっても曲がっても上り坂が続く山道に親子で汗を流し続け、先の見えない状況に黙々とペダルを踏み続けることになります。

間違いなく前者の方が圧倒的に効率的なアプローチで精神的にも身体的にも負担が少ないはずですからしっかりとした情報収集のもと綿密な計画を立てていく方が良いように思えます。実際、大人のサイクリストの方々が峠を攻めに行くような場合、体力配分などからも前者のように情報収集を行って事前に状況把握をして走行されることが多いと思います。しかし、ペダルを踏み続けることで未知の世界を少しずつ切り開いていき、新しい世界に身を委ねていく親子自転車旅として考えてみると後者のようにほとんど情報を持ち合わせていない状況で山道にトライしていく方が親子ともども、圧倒的に中身のある行程になると思います。いつまで続くかわからないような上り坂で時には音を上げることもあったり、自転車を投げ出したりしたくなる中、声をかけて共に頑張って上り切り、やっとの思いで峠を越えて下りに入る時は親子で雄叫びを上げながら下って行くことになり、その時、頬をぬっていく爽やかな風がこの上なく気持ちよく感じるわけです。

もちろん、綿密な計画のもとでも爽やかな風は感じることができますが、これから親子で共にペダルを踏んでいく先にどのような世界が待ち受けているのかを知っているのと知らないのとでは親子自転車旅に添えられる彩りは大きく異なってくるのではないか、と私は思っています。親子自転車旅のために計画を立てることは必要です。しかし、緻密すぎる計画はかえって親子自転車旅の魅力をそぐことにもなりかねない場合があり、そのことに労力を費やすことがあるならば、それよりは最低限度の計画と準備で気軽に親子自転車旅を実現することに力を注いで頂く方が良いのではないかと思っています。

あえて見知らぬ世界を切り開き、そこに飛び込んでいってもらいたいという個人的な思いから、事前に旅の内容がイメージできるほどの情報収集とそれに基づく緻密な計画は必要ないということを記させて頂きましたが、あえて見知らぬ世界へ飛び込んでいこうというその気持ちは前へ進むためにペダルを踏まなければならない親子自転車旅における大きな原動力になってきます。自転車旅はただでさえ身体的、精神的にハードな部分があり、時として足を止めたくなったり、自転車を投げ出したくなったりすることも親子自転車旅であるならなおさらです。自転車旅と言えば聞こえは良いですが、実のところそれは自転車で普段より長い距離を移動するだけのことです。ロードレーサーを駆って走行距離や走行時間を競うために目標や目的を明確に設定しスポ根的に走行するようなストイックな世界を私は親子自転車旅に求めておりません。目的とか目標とかを達成するためにペダルを踏み続けるのではなく、未知との遭遇や寄り道などによるワクワク感やドキドキ感が子供たちのペダルを踏み続ける原動力になってもらいたいと強く思っています。

この思いは自分自身が長い自転車旅の中でペダルを踏み続けてきた原動力のひとつでもあります。ペダルを踏んで前へ進むこの先に、何が待ち受けているか、どんな景色を見ることができるか、どんな人と出会えるか、そんな様々な期待感が自分の背中を押してきてくれたように思えます。山道を喘ぎながら上っている時も常に次のカーブを曲がれば下りが待っている、と自分自身を鼓舞しながらペダルを踏み続けますが、その都度、その期待は裏切られ、ひたすら上り坂でペダルを踏み続けることを強いられます。しかし、やまない雨はないのと同じで上り続ける坂はなく、必ず下りが待っていてくれ、辛くとも愚直にペダルを踏み続けることで少しずつでも必ず前へ進む、というとてもシンプルなその事実をすべての身体的機能を通じて体感しながら受け止めていくことになるわけです。

大袈裟になりますが人生に例えるならば、先の見える未来に向かって進むより、どんな未来が自分に待ち受けているのか期待感を抱きながら向かっていく方が楽しいだろうし、だからこそ前へ進もうとするエネルギーが生み出されていくのだと思っています。これは私自身が今までの長年の自転車旅で感じてきた素直な思いで、「自転車旅って人生そのものでは」と思っている所以でもあります。もちろん、綿密な計画を立てなかったために不本意に予定外のことが起こったりすることもあるかもしれません（ずさんな計画のため痛い目にあったケースについては「6　思い出編」で後述させて頂きました）。そうした場合はお子さんの安全面に関すること以外であれば、一般の旅行ではなく親子で自転車旅を行っているんだという自負のもと、アクシデントや様々な問題を自転車旅からの贈り物と考えるぐらいの度量をもって状況を受け止め、そして対応して頂ければと思います。それを乗り越えた親子自転車旅はそれこそ間違いなく親子ともども心に刻まれる忘れられないものとなることでしょう。

最低限の計画や情報収集は必要だと思いますが、あえて見知らぬ世界へ飛び込んでいく勇気、というより呑気さ？も忘れずに是非、親子自転車旅を実践して頂けたらと思います。「しまなみ海道」での私たちの親子自転車旅は、計画にはない寄り道ばかりしていた結果、予定外の日没まで走行することになってしまいました。ただそのおかげで、言葉をのむような美しい夕焼けのロケーションを走行することができ、瀬戸内海の夕日でオレンジ色に染まった娘と息子の笑顔、忘れようにも忘れられないほど心に焼き付いています。

6

思い出編

私の親子自転車旅での個人的な思い出をいくつか紹介させてもらいます。あくまでも個人的な思い出なので一度、親子自転車旅をやってみようかな、と思っていらっしゃる方々への客観的なアドバイスにはならないと思いますが親子自転車旅のイメージを良い意味でも悪い意味でも膨らませていくことにつながればと思い記させて頂きました。

①阿蘇編

親子自転車旅を始めて3回目の夏、小学校5年生の息子と初めて二人だけで親子自転車旅を行いました。それまでは長女も一緒にペダルを踏んでいたので最初の2回は娘と息子との三人での親子自転車旅でした。最初の親子自転車旅は長女が小学校5年生、息子が3年生の時で、沖縄中南部縦断を行い沖縄南部の「ひめゆりの塔」を目指し、2回目は三人で広島、しまなみ海道を縦断、広島原爆ドームをゴールとしました。息子との3回目の夏のトライは前年にゴールした原爆ドームから長崎の平和記念像まで走行するというプランで5年生とはいえ、小柄な息子には走り甲斐のある走行距離とルートです。

親子自転車旅も3回目となり、父息子二人だけの初の男同士の親子自転車旅となりました。息子に無理強いすることは避けたかったので本人に意思を確認したところ「もちろん」と二つ返事で快諾してくれたことを大変嬉しく思ったことをよく覚えています。今回、その広島から長崎までの途中、体力的には最大のヤマ場と思っていた阿蘇に向けてペダルを踏んだ親子自転車旅の一日としてとても思い出深い日を少し紹介させて頂きたいと思います。

前日は愛媛の今治から海沿いに八幡浜までは走りそこからフェリーに乗って大分の臼杵にやってきました。日中、海岸沿いの走行では強い西風に朝から悩まされ、思うように距離が稼げず、反面、体力だけはどんどん消耗していく状況でした。最終のフェリーになんとか間に合いましたが九州の臼杵に上陸したときは午後7時頃ですでに静けさを取り戻していた臼杵の港町の暗闇の中を二人でひっそりと宿に向かいました。到着するやいなや遅い夕食と入浴をすませ、初の九州上陸の感慨に耽《ふけ》る間もなく二人ともクタクタになって闇の中に落ちていってしまった状況です。

そんな疲れを残した翌日、二人は阿蘇を目指します。走行距離は寄り道を入れても100㎞には届かないので一日の行程としては特に大きな負担がかかるわけではなく、ゆっくり行っても朝から夕方までの走行で到達できるはずの予定でした。予定はあくまでも未定、と言われますがまさにこの日は予定と大きく異なる日となってしまい、息子との親子自転車旅の中でも思い出深き一日となったのでした。

昨日の疲れが残り身体が重い中、朝食をすませ、いつもより少し遅れて宿を出発、大分県の肥前、肥後街道を西に向かい三重町から竹田市を抜けて熊本県の阿蘇には遅くとも夕方には到着する予定でした。阿蘇市直前に山越えの峠があることは地図から判断していましたがいつも通り、ルートの標高差状況など確認せずにペダルを踏み始めました。現在ではGPSやデジタルMAPが気軽に利用できるようになったので標高差やルートの状況などの情報が簡単に入手できるようになりました。そのため走行する前からそのルートの概要がイメージでき、それに合わせた的確なプランを事前に用意して走行することができます。したがって上りがどのくらい長く続き、またその勾配はどのくらいなのかなどは調べようと思えばすべて把握できます。

私はデジタル情報など存在しなかった学生時代から自転車旅を行っているので基本的には今なおアナログ情報を駆使している状況で、紙ベースのMAPを使っておおよその行程の状況をイメージしたりしています。今回の行程においてもデジタル情報を駆使していればまた状況は変わっていたのだと思いますが、個人的にこれから走行する未知の世界の状況が事前にわかって走行することにとても抵抗があります。荷物なども積載せずロードレーサーなど高性能マシンでタイムトライアル的に、いかに早く走りきるかなど、走りの醍醐味を求めるような場合でしたら詳細なルートデータを事前に知っている方がはるかに効率の良いプランやそれに基づいた快適な走行が実現するのだと思いますが。

ただ私の場合は自転車旅に速さや効率は求めず、未知の世界を切り開いて行くという「旅」する思いを大切にしたいと思っています。大切にしたい、といえば聞こえがいいですが、それよりもこれから走行する先に長い上りがあったり峠がいくつもあったりすることを事前に知ってしまうことが大きなストレスになってしまい、メンタル面が弱い私などは知りたくない、というようなあたりが正直なところです。そのために今回のような失敗も今までには何回もしていることになってしまうのですが、それはそれで非日常的な旅の醍醐味として受け止めたいと思っているわけです。話がそれてしまいましたが、息子と阿蘇には向かったもののそうした理由で当日走行するルートが全体的に上りのルートであること、阿蘇市に向けての峠の存在、そして全体の走行距離以外どのような状況なのかはほとんど把握せずに出かけており、そのことが予定外の一日となってしまった要因のひとつであったことは間違いありません。行程の詳細の下調べをしてどのようなルートなのか事前に把握していればおそらく走行に費やす時間配分なども事前にしっかり行って予定通り当日の走行を終えることができたはずだと思います。

予定外の一日になってしまった直接的な原因は新聞社の取材でした。長崎に向かう親子自転車旅を九州の新聞がわずかですが取りあげてくれ当日そのための取材を三重町の高校の片隅で受けることに急遽なりました。走行途中のついでに少し行う予定だったものが待ち合わせの場所の行き違いや予定以上の取材時間で想定外の大きな時間的ロスが発生してしまったわけです。決して新聞社の記者の方に非があるのではなく、私の取材をあわせた走行プランの組み立てに甘さがあって三重町を再出発した時間がかなり遅い時間となってしまいました。ロスした時間はおよそ2時間、単純に考えて夕方遅くとも4時頃までに走り終える予定が、早くて6時まで走行することになってしまうことになります。こうしたことは自分自身が一人で自転車旅を行っている時はよくあることでした。また子供と自転車旅を始めてからも時にはイレギュラーな要因から予定が変わることはありましたが、ただこの日はいつもの時よりその他の要因が加わり大変な日となってしまったわけです。

当日は前日の疲れもあったせいか、二人ともペダルの足が重く、また朝からうだるような暑さで出発早々からアゴが上がってしまい、もがきながらの走行でした。三重町に入った時には30㎞ほどの走行距離にもかかわらず、すでに一日走ってきたような疲労感で、取材後再度、阿蘇に向けて走り出した時は午後2時頃で暑さもピークの時間帯でした。個人的に自転車旅で精神的にストレスがかかるのは残された走行時間が減っていく中でこれから走らなくてはいけない走行距離がまだたくさん残されている場合だと思っています。時間があれば長い距離が残されていても通常のペースで足を止めなければ予定時間に到達しますが、短い時間で長距離を走行するためにはそれだけペースアップをしなければならず精神的にも身体的にもその負担は重くのしかかってきます。

この日は取材もあって時間的にも制限があり、なおかつ暑さも尋常ではない厳しい状況の中、何より我々親子にのしかかってきていたのは、思っていた以上の臼杵から阿蘇までの上り勾配のルートでした。臼杵は海岸近くですからほとんど海抜0m地域でそこから阿蘇五岳のふもとの町の阿蘇に向かうわけですからそのほとんどが上り勾配になるわけです。ベストコンディションの中、高性能ロードレーサーで峠を短時間で駆け上がっていくようなヒルクライムレースではなく、熱中症ギリギリの状況の中、ママチャリ仕様の低性能バイクで我が親子自転車旅はだらだらと走っていくわけですから行けども行けども距離はなかなか稼げない状況でした。峠であればそこさえ越えれば待望の下りが待っているわけですが、上りきっても下りは現れず、その先に引き続き緩やかな上りが続き、カーブを曲がるたびにその先に更なる上り坂が見えてくると、その都度、精神的にも身体的にもストレスがかかり、それがボディブローのようにじわじわ疲労を増していったわけです。親の私でもしんどいわけですから小学生の息子にとっては自転車を投げ出して自転車旅をやめたいと思ったりしたと思います。実際、かなり疲れていたようで休憩をとっても口数も少なくなり、休みのときは自転車を放り出して地面にひっくりかえり、その体を休める時間も長くなってきていました。そんな感じで進んでいたので竹田市を越えてからしばらくして日が傾き、阿蘇の町に入る手前の峠に向かう山道に入った時にはすでにとっぷりと日が暮れて真っ暗になってしまいました。

私は学生時代から国内外を自転車で旅してきていましたが、真っ暗な暗闇の道路を走行した経験はそれほど多くはありません。ここであえて言葉を添えさせてもらいますが、「暗闇の道路を走る」は「夜を走る」こととは少しニュアンスが異なります。「夜を走る」ことは自転車旅だけではなく、日頃、皆さんも街中で経験されていると思います。通常でしたら街灯やネオン、家庭の明かりなどで十分明るく、仮に自分の自転車のライトがなくともおそらく走行には問題はありません。少なくとも道路の方向や前方に何があるかは確認できると思います。しかし、地方には街灯がまったくない山道も多く、その場合、車のライトだけが周りを照らし出す明かりとなります。ですから時折通る自動車が通らない時は真っ暗な状況で、自転車に装備している明かりだけが頼りです。ただ自転車の明かりが照らし出す世界などわずかですから実際はかなり神経をつかって走ることになります。本来ですとそうした状況で自転車を走行させることはとても危険で、ある意味、命にもかかわる自殺行為にもなりかねません。

自動車の運転者の立場で想像してみてください。真っ暗な山道で自動車のライトだけで照らされる世界の中、その視界に予想していない自転車が突然、現れた場合、間違ったら事故につながったりする可能性は当然ありますよね。ですから通常、そうした状況にならないようなプランで走行するようにしますが、時には様々な要因で真っ暗な山道の中を走行せざるを得ないときが出てきてしまい、私の自転車旅の中でも何回かあったわけです。たとえば三重県の尾鷲の山道を真夜中に越えなくてはいけなくなったときは、四国に渡るフェリーの時間に間に合わすためだったり、フランスからイタリアへ真夜中に国境を越えなくてはならなかったときは当時のフランス貨幣のフランが手元に全くなくなってしまい、なんとしてでもその日にイタリアに入国しなくてはならなかったりとそれなりの事由はあったのですが今、考えてみると事故発生などのリスクを思えばそんな無理する必要もなかったと思います。

話を戻しましょう。このように真っ暗な山道を走行するようなことは通常ではないのですが今回の阿蘇へ向かう行程の中で私のプランが不十分過ぎる状況だったために遅くとも日が暮れるまでに走行を終える、という親子自転車旅における最低限度の掟を破ることになってしまったわけです。また悪い時には悪いことが続くものでこうした夜間に走行することをまったく想定していなかったので自転車の充分な電灯装備を用意していませんでした。自転車には法律で電灯装備が定められていますので当然、我々の自転車にも旧型のローラー式発電機による前照灯は装備されています。ただ旧型のローラー式前照灯は自転車のホイールが回転することによって連動して点灯するものですので、使用したことのある方々はご存じの通り、ペダルが重くなったり、音が出たり、何より自転車を止めると消灯してしまうので、普段からほとんど使用することはありませんでした。

今回の自転車旅については夜間走行する予定は全くなかったのであえて大容量の明るいＬＥＤライトなどを装備してくることはなく、仮に夜間少し走るようなことが発生してしまった場合には最悪、装備されているローラー式前照灯を使用すれば良いと考えていました。現在はハブ式発電機などに充電器をも併せた新しい前照灯を装備した自転車が多くなり、自転車を走行させせなくとも前方の最低限の明るさを確保できるようになってきていますが、我々の自転車はローラー式前照灯でしたので走行しないと、それもそれなりの速度を出さないと最低限の明るさも確保できない状況でした。街中でしたら自転車の前照灯がなくとも走行すること自体には問題なく、前照灯を点灯させせないからといって走行ができないような状況はありえません。しかし、登山などで経験されたことがある方々は理解して頂けると思いますが、闇に包まれた山中では明かりがないとまったく前が見えず、闇に慣れた眼でやっと数メートル先が確認できる状況です。交通量の多い道路であれば街灯整備も整っている程度の明るさは保たれているのだと思いますが、残念ながら熊本県阿蘇山中の国道には点灯している街灯は少なく、大袈裟に言うならばちょうどアミューズメント施設の「お化け屋敷」に入った直後のように手さぐりで上って行かざるを得ない状況だったわけです。

「上って」と記しましたが決して自転車にまたがってペダルを踏みながら国道を上っているわけではありません。山道ですから左側には大きな口を開けた水路の側溝が続いています。ガードレールのすぐ左側は切り立った急な崖になっている場合もあります。そんな状況のなか、息子はもちろん、私自身も１ｍ先の視界も確保できない山道でペダルを踏んで自転車を走行させることができず、やむを得ず二人で自転車を降りてゆっくりと自転車を引いて山道を上っていくことになるわけです。自転車を走行させることができないわけですからローラー式前照灯は一切使えず、暗闇に包まれた道を息子と自転車を縦列で、時にはお互いに前後にぶつかり、また時には側溝に車輪を落としたりしながら少しずつ前へ進む状況でした。後方から稀にやってくるトラックや自動車に自分たちの存在を知らせるために、たまたま持っていたわずかな明かりのペンライトを後部荷物にくくりつけるなどの無駄な抵抗をしていましたがあの時の暗さの中で我々の存在を意識させることはできていなかったと確信しています。

時折通る乗用車やトラックのドライバーにはライトで一瞬、照らし出された我々の姿が暗闇の中で自転車を引きながら彷徨する亡霊の親子のように映り、思わずぞっとされたのではないかと思います。そうした状況でも車で通り過ぎていった後でわざわざ戻ってきて声をかけて心配してくれた方もいらっしゃいました。前述した尾鷲の山道をかつて夜中に越えた時も同じようにトラックなどの運転手さんが不思議そう？　不安そう？　そして怪しげに心配して声をかけてくださったことをその時に思い出しました。とてもありがたいことでこうした人の善意をダイレクトに感じ得ることもすべてをさらけ出しながら旅を続けざるを得ない自転車旅の醍醐味なのだと思います。ただその時はそうした温かい気持ちに浸る余裕はあまりなく、とにかく阿蘇の町に無事に到着することだけを考え、時には自転車を押し、また街灯がある付近ではペダルを踏んで峠を目指しました。時間はすでに午後9時を過ぎており、真っ暗な山道を息子と自転車で上っているその姿を誰かが見れば、実に滑稽な姿で理解に苦しむ様相だったと思います。

車や電車を使用すればこんな遅い時間まで走ることもなく、疲れもなく、今頃は宿でゆっくりと時間を過ごすことができるはずです。しかも、朝から走り始めているにもかかわらず未だ１００㎞にも届かない目的地につくことができない、疲労と空腹ですぐにでも自転車を放り出したい状況、まさに誰も望まない悲惨な姿だったと思います。ただ不思議なものでこうした窮地に置かれると人間は開き直って逆に元気が出てきて、笑いも出てきたりするからおもしろいです。誰にも理解されず、滑稽な姿と思われても少なくとも私と息子の間では一緒にここまで走ってきて、そして、もう少しでその目的を果たせるという思いがペダルを踏む力を支えていたのは間違いなく、その思いを共有していたことも間違いないと思います。

もう少しで阿蘇の町に入るための最後の峠の上りに差し掛かった時、私の後ろで息子が誰に言うわけではなく一人で叫んでいた一言が忘れられません。「世界中で今日、一番長く自転車に乗っていたのは間違いなく俺だ〜！」。午後10時過ぎ、最後の上り坂を上り切り、雄叫びを上げながら阿蘇の町に下っていきましたが、そこから見えた阿蘇の町の明かりは私と息子の心に一生刻まれたものになりました。午後11時前に阿蘇の町に到着。地方都市にある観光客も歓迎してくれるビジネスホテルのフロントマンは遅いチェックインの疲れ切った様子の二人に怪訝そうな顔はしながらも、通常通り問題なく対応してくれました。部屋に入るやいなや祝杯をあげ、コンビニで購入したお弁当を口にしましたが2～3分で息子は箸を手にしたまま寝入ってしまいました。その疲れ切った寝顔を見ながら「間違いなく今日、世界中で一番長く自転車に乗っていたのはお前だ」と心の中で感謝をこめて伝えた次第です。

あとで気づいたことですが、真っ暗な山道を上り、やっとの思いで最後の峠についた時や宿で祝杯をあげた時の写真がありませんでした。後述しますが学生時代、旧ユーゴスラビアを一人で自転車旅している時に、命からがら逃げてギリシャを目指していた時の写真もほとんど残っていませんでした。本来でしたら、やっとの思いで上ってきた峠や宿でのひとときなど、記念スナップにして残していたはずです。阿蘇とユーゴスラビアでは状況は異なりますが、ほとんど写真が残っていないのは、ただひたすら必死にゴールに向かって無心で、と表現できるような力強いイメージで走り続けてきていたからではなく、なんとかゴールにたどりつこうとしてヘロヘロになりながらもペダルを踏み続け、やっとの思いで走り終え、ただ単に写真などを撮る精神的な余裕がなかった、という実に惨めなイメージの表現がふさわしい状況であったことを物語っているのだと思います。

正直なところ、それだけしんどい日になってしまったわけです。

様々な要因が重なり、と言うよりすべて私のいい加減なプランニングに原因がありますが、いずれにしろ、とてつもない一日となってしまいました。走行距離は別として朝から日付が変わるぐらいまでの長時間、自転車に乗っていたことは小学校5年生の息子には大きな負担だったと思います。最初から最後まで私と息子が目標に向かって力をあわせて励ましあって青春ドラマのように走ってきたわけではありません。途中、何度も足が止まり、自転車を投げ出し、休憩を繰り返していました。そのことがさらに阿蘇到着の時間を遅らせることになっていましたので、息子には急いたり煽ったりもしました。そのことが疲れ切った息子の感情を荒立たせ、不機嫌になって私と言葉を交わすことも少なくなり、時にはつまらないことで言いあって、二人がお互い見えなくなるぐらいの距離をおいて走行することもありました。つまり順風満帆に二人で仲良く走行してきたのではないわけです。これは今回の阿蘇に向けての旅の時だけではなく、親子で自転車旅をしていれば同じような状況におかれることはよくあることです。親子自転車旅というといかにも仲良く励まし合って走るイメージだけが一人歩きしそうですが実際はそんなに楽しいことばかりではなく、むしろ走行中は身体的、精神的にお互いに余裕がありませんから口数は少なくなり、会話などはなくなったりします。これは親子自転車旅のひとつの特色かもしれません。

同じ自転車旅であってもこうした状況は生まれてこないと思います。親子であるがゆえに、それぞれに甘えがあり、それが露骨に表に出やすくなってしまいます。他人同士であれば口にしないこと、また態度に表さないことも親子の場合はそれを感情のままに表現し、ストレートにぶつけたりすることになってしまいがちです。

車や公共機関などでの旅行であれば精神的、身体的な負荷が重くのしかかってくることは少ない、いや旅行はそもそも楽しいものですからそうした負荷は皆無だと思います。しかし、人力による自転車旅の場合は、精神的、身体的にもハードですから、一般の公共機関や自動車での旅行よりはさまざまなストレスにさらされながら旅をし続けることになります。まして親子自転車旅の場合は、前述したように親子という立場ゆえにその甘えから自分の感情をむき出しにしたりすることができてしまうわけで、これは決して子供だけに当てはまるわけではなく、親も子供に対して感情を表に出すことに無頓着になります。

喜んだり、褒めたりする感情が表に出ることは問題がないと思いますが、人は追い詰められ、かつ相手に対して甘えがあると普段のように自分自身をコントロールできない時があります。自転車旅は車や公共機関を使用する旅と異なり、身体的にも精神的にも追い詰められる時がありますから親子という甘えから自分のエゴを相手にぶつけたりすることが多くなるわけです。子供が疲れてきて足が止まり、頻繁に休憩をとり、露骨に自転車を投げ出し、走り続けることを嫌がるポーズも口には出さないけれど親に対しての甘えから来ていますし、そうした子供の姿に対し、目的地へ急ぐばかりに声を荒立てて走ることを煽ったりするようなこともまた子供に対しての親の甘えから生まれてくるものだと思います。

親子自転車旅はこうした親子ならではの感情のぶつけ合いをしながら続けていくわけで、圧倒的に楽しいことが多い通常の「旅行」とは異なりますが、それが実に親子自転車旅が濃厚な「旅」となる大きな所以でもあると思います。お互いに追い詰められた状況の中、自分たちをさらけ出しながらも、共にひとつの目的を達成するために仮に休むことがあっても諦めることはなくペダルを踏み続ける、その過程によって親と子に育まれ共有されたそれぞれの思いはその時には気づかなくとも、少なくとも親子という狭い限られた人間関係を育むための大きな糧、そして固い絆の礎となっていくことには間違いないと私は感じています。

あわせていつの日かその思いや経験が子供の将来にもどこかでつながっていってくれるとするならばそんな嬉しいことはないと思います。阿蘇の真っ暗な山道を走ってきた当時小学校5年生の息子も今は高校3年生になり、少し前までは罵り合い、時として取っ組み合うこともあったりしましたが、今は口数も少なくなって何を考えているのかよくわからないような状況です。時として一緒に車で夜の山道を走ったりすることがある時、息子が助手席で独り言のように「あの時はしんどかったな〜」とボソッと口にすることを聞くと、「あ〜、しんどかったな」とあえて「あの時」を確認しなくてもお互い阿蘇へ向かったあの晩を思い浮かべ、そんな時、何か息子と気持ちがつながっている温かさを感じて思わず居心地の良い瞬間を手に入れたりすると正直嬉しくなったりするわけです。

親子自転車旅は安全に実践できる状況が最低限度のルールであることに間違いないし、私はそれを最優先に実践してきたつもりなのですが、時には今回のような予定外のアクシデントも起こりうるのが自転車旅でもあります。スケジュールをほぼ予定通りにこなすことができて、ある意味、日常生活の延長上にある「旅行」とは大きく異なり、天候はもちろん、その日の体調や精神状況までにも影響され、そのことが様々なアクシデントにつながってしまうリスクを背負うことから自転車旅はスタートしているわけです。それは自転車旅を単なる「旅行」ではなく濃厚で心に刻まれる「旅」たらしめているひとつの理由であるのだと思うわけです。

海に面した臼杵から阿蘇に向かった今回のルートは上りが続き阿蘇市直前の峠越えは暗闇の中となってしまいました。家庭では親と子の関係であっても、ひとつの目的に向かってもがきながらでも必死にペダルを踏み続け、いくつもの峠を越えたりすると一緒に闘ってきた同志や同じ釜の飯を食った仲間の中で育まれる絆みたいなものが生まれ、親と子の関係を超越した不思議なつながりを生み出してくれた感じがします。「親子自転車旅」ってそんなものなのだと思っています。

②負傷編

私の親子自転車旅の最初の2回は娘と息子との三人で、その後の3回は息子と二人で、毎年夏休みの1週間を利用して一緒に駆けてきました。夏の一番暑い時期に太陽がサンサンと輝く炎天下、熱中症になりそうになりながら小学生には少しハードな行程もあったかもしれませんが、なんとか無事にすべて走り切ることができたことは何よりのことであったと思っています。

私が子供たちと自転車旅を計画し、実践していく際は子供たちに自転車旅を楽しんでもらえることを大事にしながら計画を立てていましたが何より大切に、そして何より優先したいと思っていたことはとにかく無事に走り終えることでした。地方の道路事情をご存じの方には理解してもらえると思いますが、市中を少し出ればそこは「自動車専用道路」ならずとも「自動車優先道路」であり自転車で車道を走行することはとても危険な状況なので、交通事故に巻き込まれたりする可能性も大きく、まして小学生となればまだまだ状況判断も甘く、事故に巻き込まれたりするリスクが我々大人よりずっと高くなってきます。

そうした意味で事故なく無事に走り終えることを何より優先に日々、子供たちにも注意を払いながらペダルを踏んできた次第です。しかし残念ながらそうした思いを抱きながらも走行中にケガをさせてしまうこともあり、そんな悲しき思い出を少し記させて頂きたいと思います。これから親子自転車旅を計画、実践してみようかと思われている方々に参考になるかわかりませんがある意味、親のエゴで子供たちを引っ張り出してきている立場からすれば、我々親のことはともかく、大切な子供の安全を確保することは最優先されることであり、その責任は大きいと思います。悲しき思い出は今なお自転車に絡んだ生活をしている私にとってはひとつの教訓となっているゆえ、ここで記させて頂くことにしました。
最初の親子自転車旅は沖縄のひめゆりの塔を名護市から目指す本島中南部縦断の旅でした。それまで三人で一緒に登山などには出かけてはいましたが自転車旅は初めてでしたので小学校5年生の娘と3年生の息子がどれだけ走れるものなのかも正確にはわからない状況でした。その頃、翌年以降も親子で自転車旅を続けていこうと思っていたわけではありません。ただ子供というものは何かを初めて行う場合、最初の経験が楽しくないとその後、声をかけてもついて来ることがなかったり、その後続けられなかったりする、ということを経験上感じていました。

前述した通り子供たちとは小さい頃から一緒に山に登りに行っていましたが、最初の登山でその楽しさを感じてもらえたからこそ、その後も声をかけると一緒に出かけてくれるようになったのだと思っています。体力的、精神的にもキツイ登山において、たまたま最初の登山が楽しかったからではなく、傲慢な言い方をするならばあえて最高の眺望が得られるだろう天候、子供たちにとってほどよい行程（距離や時間）、非日常のキャンプ経験などを念入りにセッティングし、子供たちと出かける最初の登山をある意味「成功させる」ことができたからこそ、その後においても子供たちと登山に出かけられたのではないかと思っています。

逆に言うと最初の登山がどしゃぶりで、頂上に立ってもガスがかかり眺望が得られず、ただ歩き疲れただけのものであったりしたならば子供たちも登山に前向きにならなくなっていたかもしれません。大袈裟な言い方をすれば多くのことを経験してきている我々大人とは異なり、これから様々な経験をしながら多くの学びや気づきを得ていくだろう子供たちにとっては最初の経験がいかなるものなのかによって子供たちの世界の広がりも変わってきてしまうこともあり、それぐらい子供たちにとっての最初の経験というものは重要な意味を持っているように思います。

話を戻すとその翌年以降も親子自転車旅を行うようなイメージはその時はまったくありませんでしたが、できれば最初の自転車旅が子供たちにプラスイメージを残せるようにしたいという気持ちはあったと思います。したがってタイムトライアル的に自転車でスポ根ドラマのように沖縄中南部を完走する、というよりは風光明媚な沖縄の風土を味わいながら楽しんで自転車旅ができることを最優先に考えていました。そのため初めての自転車旅でもあるということも踏まえて一日の走行距離はできるだけ控え、余裕を持って走行ができるようなプランを立てたので使用する自転車の種類やその性能などにあまり執着せず、自転車で散歩するようなポタリングレベルで楽しめればそれで良い、という気軽な思いを初めての親子自転車旅では抱いていた次第です。

自転車も本土から持ち込むことは考えず、本島でレンタルサイクルを探すことにしていたのですが、幸い自らロードレーサーを駆る気持ちを通わすことのできるレンタルサイクルの業者の方に巡り合うことができて私が使用する26インチの自転車旅に適したランドナータイプと子供たちが使用する小輪のミニサイクル2台をレンタルし、本島中南部縦断に挑むことにしました。親切な業者さんだったので色々とこちらのニーズに対応してくれて、特に子供たちの使用する自転車について気をつかってくれていました。

子供たちの身長などのデータを伝えて手配をお願いしましたが、実際のところ、当時、小学校5年生の娘と3年生の息子が安全に使用できるような子供用のレンタルサイクルはなく、結果、決して子供たちの体格にベストフィットするわけではありませんが大人が使用するミニサイクルのサドルやハンドルを可能な限り下げて使用することにし、安全面については自己責任で対応していく旨伝え手配をお願いした次第です。

沖縄に着いてからスタート前に少し試乗しましたがただでさえ我が家の子供たちは小柄でしたのであれこれ工夫してもサドルに腰かけた状況では両足が地面にピッ

タリとつく状況ではなく、自転車を止めるためには常にサドルからお尻をおろし、フレームにまたがって自転車を止めなくてはならないような状況で決してフィットしたサイズとは言えないものでした。ただ子供たちは普段乗ることのないミニサイクルにまたがって興奮してすでに名護の公園内を走り回っている状況で、そんな様子を見ていて特別にハイスピードで走行するつもりもありませんし、幅広い歩道をゆっくりと走行する予定でしたので、いざという時のリスクへの懸念はぬぐえませんでしたがその段階で計画を仕切りなおしたり、中止にしたりするような事は考えられませんでした。

何より子供たちが初めての自転車旅を待ちきれず海岸に面した名護の公園内を楽しそうに走り回っている姿を見たらそこで自転車のサイズに少し問題があって自転車旅は中止、などとはとても言えない空気でした。むしろ子供たちよりも、沖縄の海を前にして子供たちとこれから念願の自転車旅が行える状況に、少しでもリスクがあれば自転車旅を中止にするという冷静な判断が下せないほどテンションが高まっていた自分自身がいた、というのが正直なところです。こうした私の甘い判断がその後、娘にケガをさせることにつながってしまい、今となっても娘には申し訳なく思っている次第です。

ケガは起こるべくして起こったと私は思っています。沖縄を走り始めての2日目、沖縄の強い日差しと心地よい潮風を感じながら比較的整備された車道をゆっくりと走っていました。私は少し先を走り、娘と息子は話をしながら楽しそうに肩を並べて走っていて、時折、大きな笑い声が後ろから聞こえてきていましたが、突然、後ろで大きな音がしたと思って振り向くと娘が転倒して倒れ込んでいて自転車が投げ出されている状況でした。かけつけると娘の膝から血が噴き出していました。娘はかなり痛かったのだと思いますが突然のできごとに驚きのほうがまさり、目に涙をためながらも膝から流れ出す血を目で追っていました。

ケガの状況は膝の打撲と裂傷のようでしたが裂傷の傷口はかなりの大きさで出血も多い状況でした。すぐに応急処置として止血などの手当てをしました。何が起きたのか娘に確認したところ、息子と話に夢中になっている時、思わずハンドルを切り損ねてしまい、体勢を立て直す前に転倒してしまったとのことでした。まさに当初心配していたいざという時の回避がやはりできなかったわけです。その人に適正な自転車というものは、効率よく、快適に走行することができる性能を備えた自転車というだけではなく、いざという時に転倒せずに自分の足でしっかり体勢を確保することができるという最低限の安全性を備えた自転車です。アクシデントは娘の不注意で起こったわけですが、そうした時がいざという瞬間であって、その時にしっかりと安全性を確保できる自転車で走行しなければいけなかったわけです。つまるところ、サドルに腰かけた状況で足が地面に届くような適正サイズの自転車を使用していれば同じ不意を突かれるようなアクシデントが娘に起こったとしても膝から鮮血が噴き出すようなことはもちろん、転倒すらすることもなかったかもしれません。このアクシデントはいざという時でも最小限のトラブルだけですませられる状況で自転車旅を行っていなかった、ましてそのアクシデントはスタート前に回避することができたにもかかわらず、そのリスクに目をつぶって自転車旅をスタートさせてしまったために起きたもので、本来子供たちの安全を確保するべき保護者である私の責任はとても大きいわけです。

ケガをした娘は応急処置後、痛々しい姿ではありましたが元気にその後の走行も続けました。とりあえず打撲と裂傷なので消毒や止血などの対応で大丈夫だとこれまた私の素人判断で病院に連れて行くことはありませんでした。娘も多少の痛みなどはあったようですが体調等にはまったく影響せず元気でしたのでその後も毎晩、消毒などは続けながら自転車旅を続けた次第です。このアクシデントによって親子自転車旅では子供に起こり得るいざという時の危険を最優先に回避するための事前の対応を絶対に怠ってはならないというひとつの教訓が保護者としての自分、また今までいつも一人だけでペダルを踏み続けてきたサイクリストに深く刻み込まれることになったと思っています。

娘のケガした部位の裂傷の面積が大きく、その深さが思っているよりも深かったようで、負傷後、しっかりとした治療を受けずにそのまま自転車旅を続けたため、痂皮《かひ》（かさぶた）がうまく形成されませんでした。その後においても何度も剝離することが続いてしまい、その結果、目立つ傷痕が娘の膝に残ってしまうことになってしまいました。娘にはケガをさせてしまったことについても申し訳なく思っていますが、それ以上にその後のケガに対してのケアを徹底していなかったためにその傷痕が痛々しくもはっきりと残ってしまったことを悔やんでいます。

当時、小学校5年生だったこともあり、その時は本人も私もさほど大きな問題ととらえることはなかったのだと思いますが、中学生、高校生とダンス部でいつも踊っている年頃の娘の膝のキズを見るたびに思い出していました。娘がそのことについて何も語らない分、いつも申し訳なく感じ、娘が大学に通っている間にあらためて病院で少なくともキズがわからないほどに治してもらうつもりでいます。

いざという時に危険を回避できる最低限の準備を親であり保護者である私が怠っ

たことで娘はケガをしてしまいました。さらに前述の通り、その後の私の対応が悪く娘の膝には傷痕が残ってしまうようなことになってしまいましたが、それだけではすまず、もしかしたら自転車旅自体もそこで中断せざるを得ないようなもっと大きな事故につながっていたかもしれません。私が子供たちに最低限の安全性を確保した自転車を使用して自転車旅を実践する、というごく当たり前のことを行わなかったために、結果として娘のケガにつながってしまいました。その痛々しい痕は娘の身体と私の心に残ることとなってしまいました。娘には申し訳ないですがそうした苦い経験を真摯に受け止め、その後の親子自転車旅に教訓として活かしてきたと思っています。

私自身、学生時代から国内外を走行し様々な経験を積んできたと思っていましたが、その経験はあくまでも一人での自転車旅を続けていく上でのもので、すべてが自己責任であり、ある意味自分自身さえ納得すればどんなことでも、どんな状況でも、またどんな結果でも受け入れることができたのだと思います。ただ親子自転車旅はそれとは状況が異なります。大切な子供や孫たちに責任を問うことは当然できず、何かあったら、自分自身が責任をとれば良い、ということだけですまされることでもないからです。決して親子自転車旅に限ったことではないと思いますが、大切な子供たちの安全を守ることの責任の大きさは、今までの一人だけで駆け巡ってきた自転車旅の経験で得られなかったもので、親であればごく当たり前のことであるにもかかわらず、娘の痛々しい負傷状況やその傷痕を目の当たりにすることでより一層の子供たちの安全の確保というものに執着させられ、その後の親子自転車旅にひとつの教訓として活かしていくこととなったわけです。

その教訓が活きた例になるのかはわかりませんが次に息子が負傷したケースについて少しお話ししたいと思います。今は以前と異なり自転車で走行する場合、ヘルメットを着用することが多くなっており、徐々にそれに関する法整備も進んでいるようです。東京でも自転車愛好家とお見受けする方々の多くはヘルメットを着用しています。まだまだ生活手段として自転車を利用されているお母さん方や都市圏における通学で自転車を使用している学生さんたちはヘルメットを使用していない方が圧倒的に多いですがいずれ着用義務がより求められてくると思います。

私が本格的に自転車旅を始めた1980年代初頭は、ヘルメットを着用しているようなサイクリストは皆無でした。現在は時代の流れから自転車愛好家の方々も増える中、安全性に対する意識も高まりヘルメットを着用して走行することがごくごく当たり前のこととなっていますが、私自身については以前からその習慣がなかったので最近までヘルメットを着用することに違和感があり抵抗を感じていました。

現在は運転する時にシートベルトをすることは当たり前になっていますが、一般道で着用が義務化されたのは１９９２年で、それまでは一般道でシートベルトを着用していたドライバーは少なく、その後も着用の徹底は進まなかった状況で、現在のようになったのは罰則規定や取り締まりが厳しくなったからでした。安全性のことを考えればシートベルトは手間が少し増えても着用する方が良いことが誰もがわかっていても、それまでの習慣でなかなか着用が身についていかなかったのだと思います。

ヘルメットを身に着けていなかった言い訳をするわけではありませんが、ちょうどそんな経緯と似ていたと思います。親子自転車旅を始めた時も私はもちろん、子供たちにもヘルメットを着用させることはなく、おそろいのベースボールキャップを被って走行していました。実際、ロードレーサーなどでハイスピード走行するわけでもなく、車道よりも歩道をゆっくりと走行するレベルでしたから正直、ヘルメットの必要性はほとんど感じず、むしろ炎天下で走行するには暑苦しくて不快感がともない着用に前向きになれず、ヘルメットを着用することはしていませんでした。

実のところ、ヘルメットについては以前から着用の習慣が私自身になくとも、安全性を考えればそれまでの自転車旅においても子供には着用させるべきだったと思います。ただ子供たちにはヘルメットを着用させておきながら、自分は着用しないという状況は子供たちへの説得力にかけ、実際、当初は車道を高速で走行したりすることもなかったので、子供たちがヘルメットの着用を嫌がると、それを無理強いするようなこともありませんでした。自転車旅を始めた最初からヘルメットを強制着用させていれば子供たちも当たり前のものとして抵抗感も嫌悪感ももたなかったのだと思います。しかし、当初はヘルメットを着用せず頭の上を吹き抜けていく気持ち良い風を感じ解放感に満たされながらの自転車走行をしていました。安全面のことを考えればその必要性は理解できてもヘルメットを着用しての走行に前向きにならなかったのだと思います。ちょうど前述したシートベルトが義務化されてもなかなか社会に浸透していかなかったそんな状況と同じかもしれません。

親子自転車旅で初めてヘルメットを着用したのは息子と初めて二人だけで親子自転車旅を実践した広島から長崎まで走行した時でした。親子自転車旅も3回目となり走行距離も長く設定することでそれまでのように自転車専用道路や整備された歩道などではなく、すぐ身体のそばを猛スピードの車が通りぬけていくような車道も多く走行する、よりリスクをともなうハードな内容となってきました。そのため今までのように着用の習慣がないからなどと言っていられる状況ではなくなり、より安全性を高めていく必要に迫られてきていました。娘がケガをした時の教訓もあり、何かあってからでは取り返しがつかないので、着用習慣がないとか不快感がある、などの甘えた認識は捨て去り、安全確保を最優先に可能な限りの危険回避の術を取るべきと思いその時からヘルメットを着用して走行するようになった次第です。

広島から長崎まで走り終えた翌年は三重県鈴鹿市から東京までやはり息子と二人で親子自転車旅を実践しました。前年、初めてヘルメットを着用して広島から長崎まで走行していましたが正直、真夏の炎天下でヘルメットをほぼ一日着用して走行することに慣れていなかったこともあり決して快適な状況とは言えませんでした。幸いにもヘルメットの必要性を強く感じるようなこともなかったのでその年は以前のようにヘルメットを着用せずに走行することも少し考えましたが、その夏から親子ともどもロードレーサータイプの自転車を初めて利用していくことになり、今まで のような歩道を併用しながらの自転車旅ではなく、車道をある程度の高速で走行していくスタイルの自転車旅を計画することになりました。

そのことで今までより大幅にリスクが増大していくことが想定されたので、初めてヘルメットを着用して走行した前年の自転車旅でヘルメット着用の重要性や必然性を実感として強く感じていたわけではありませんが、その年も引き続き、親子ともども後ろ向きながらも？ヘルメットを着用して走行することにしました。そんなふうにぞんざいに扱われていたヘルメットが息子の身体を、そして私たちの自転車旅そのものを救うことになるとはその時は思いもしませんでした。

トラブルは国道1号線沿いの歩道で発生しました。交通量が大変多い1号線は海岸沿いに自転車も走行できる幅の広い歩道が設定されている区間があります。その区間の車道は交通量に対して道幅が十分ではなく大型のトラックなどが次から次へと高速で走りぬけて行きとても危険な区間です。その上りと下りの両方の車道は共に自転車や歩行者が走行できるような状況にはなく、そのために前述した少し幅の広い歩道が防波堤をかねて設置されているのだと思います。我々はその海岸沿いの歩道を走行していたのですがもともと自転車が走行することはあまり想定されていないような状況で段差も多く、海風で運ばれてくる砂が歩道に積もって時にはその砂でハンドルをとられ、転倒しそうになったりすることがありました。

そんな路面状況の中、工事の関係によるものなのか道幅が１ｍほどの極端に狭められ、車道側に接した狭い場所を通行しなくてはならなくなりました。左側は低いガードレールで、すぐ右側はコンクリートの法面《のりめん》という状況です。仮に左側に倒れたらガードレールそばを高速で通り抜けるトラックに巻き込まれそうな細い通路となっています。こうした状況は私が走行した後に把握できたことで、そこを通過するまではその危険性はわかりませんでした。私がその箇所を通過してから後方を振り返り、危ないから自転車を押して来い、と伝えようとしたときにはすでに息子はその通路に入り始めたところでした。

息子が走り抜けようとしたその時、路面の砂にハンドルをとられ、バランスを崩して左側に倒れそうになってしまったので、車道に倒れないように本能的に右側の方に重心を傾けそのままコンクリートの法面に右肩から激突していき、あっという間に転倒してしまいました。すぐに駆けつけたところ、息子は痛さに耐えられず、声は出さないものの涙をボロボロ流していました。右腕の肘から手首あたりまでを法面に打ち付け、肘の部分は裂傷もあり、血がにじみ流れて見るからに痛そうな状況でした。息子のケガの具合を確認している時、そのことに気づいて思わず血の気が引くことになってしまったのですが、息子のヘルメットの右側が破損して大きなキズが残っていました。法面を見ると息子のヘルメットがぶつかってできたと思えるキズとヘルメットの右上部分が引きずってできた跡がしっかりと残っているのを見つけました。

　私が振り返って息子が転倒した姿を見た時には気づかなかったのですが息子は車道側に倒れまいと逆側に無理やり力をかけたことでバランスを崩し、かなりの勢いで頭部を法面にぶつけていたわけです。ヘルメットのキズと法面のキズからみて、もしヘルメットを着用していなかったら、と思ったらゾッとして、その瞬間を今でもよく覚えています。この時ほどヘルメットの着用の大切さとヘルメットへの感謝を感じたことはなかったです。もしヘルメットを着用していなかったら頭部に衝撃を受け、手足のケガとは比較にならない大けがになっていたかもしれません。そうなれば楽しかった自転車旅もそこでジ・エンド。救急車を呼ぶようなことになっていればおそらく私の親子自転車旅もそこで不本意な終了の仕方をしていた可能性があったわけです。息子が転倒した工事中の歩道の路面状況はとても悪かったわけですが、歩行者であれば転倒することなどなく、工事担当責任者からすれば自転車がそこを走行すること、まして子供が自転車に乗って走行することなど想定していなかったと思います。

　こうした状況は都市圏の自転車道ではほとんどありませんが、自動車が生活の足の中心で自転車が走行することを想定していない地方における郊外の歩道（車道も同じ状況ですが）はその整備がないがしろにされていてその整備不良から怖い思いをしたことは数知れません。自転車が安全に走行できる環境を声高に叫んでいくことも大切だと思いますがそもそも自転車で走行されることが少ない地方道においてその問題に耳が傾けられることはほとんど無いと思います。よって自転車旅を行う我々自身がそうしたリスクに備え、万が一の時でもその被害が最低限のものであるための安全対策を徹底しなくてはいけないのだと思います。

体格にフィットした自転車の使用やヘルメットの着用など自転車旅ではなく日常、自転車を使用する上でもごくごく当たり前のことだと思います。ただ我々は効率や自分たちの気持ちを優先してしまうばかりにその当たり前のことが実践できない時があったりするわけで、結果として振り返ってみたらこうすれば、ああすれば良かったと後悔の念に駆られるようなことが起きてしまうものです。今まで何回もお伝えしてきた通り、人それぞれの自転車旅ですからそれぞれの目的や方法など千差万別で良いと思いますし、多少の失敗や後悔があってもそれもまた貴重な思い出になると思います。ただ保護者が守るべきお子さんやお孫さんの安全面に関わることだけは最優先事項として頂きたいというのが私の願いであります。教訓という表現にはふさわしくない、ごくごく当たり前のことだと思いますが何よりお子さん、お孫さんの安全を最優先にお考え頂き、そのための準備を怠ることなく親子自転車旅を計画、実践して頂けたらと思います。

大人が一人で自転車旅をしている場合なら何があってもすべて自己責任、または厳しい言い方をすれば自業自得ということばで片づけられるでしょう。しかし、親子自転車旅は大人一人の自転車旅ではありません。守るべき大切で愛しいお子さんやお孫さんとの自転車旅です。親、子供にとって楽しく充実した自転車旅を実現できたら素晴らしい宝物となることに間違いありませんが、楽しくなくても目的を果たすことができなくとも何より安全に走り終えることができたならばその親子自転車旅は大成功であり、無事に走り終えることができたからこそ、その時は口にすることがなくともお子さんやお孫さんのその後の人生においていつの日か思い出される良き思い出として彼らの心に刻まれることになるのだと思います。

何日も走り続ける自転車旅であろうと日帰りの自転車旅であろうと無事に走り終えること、それが親子自転車旅にとって何より大切なことであることを是非、我々保護者が忘れることなく楽しい親子自転車旅を実践してもらいたいと心から願っております。

③親子成長編

親子自転車旅というと子煩悩な父親とその親に従順な息子との汗と涙の二人三脚の旅、または親子で協力して目的を遂行すべく全力で挑んでいく熱いスポ根ドラマのようなというイメージを抱かれるかもしれません。また時にはそうしたイメージから「親子で自転車旅ができるなんて仲が良いのですね、楽しそうで羨ましい」などのお言葉を頂戴することがあります。私自身、ここで『親子自転車旅のすすめ』などと記しているぐらいですから皆さんに是非、親子自転車旅を実践して頂きたいと思っているわけですが、決して子供との自転車旅が楽しいからという理由だけでその実践を勧めているわけではありません。もちろん、楽しければそれに越したことはないですが実際のところ、親子自転車旅は楽しいことばかりではないのです。

私は親子自転車旅を続けてきたその経験から、是非、親子で自転車旅を実践してみてほしい、と思うようになったわけですが、子供との楽しい時間を共有したい、というだけの目的であれば自転車旅は勧められません。子供と楽しい時間だけを過ごしたい、ということでしたら他にも方法はたくさんあると思いますので別の方法で時間を費やす方が良いかもしれません。では楽しくない？親子自転車旅をどうしてお勧めするのか、そんなことについて少し記させて頂きたいと思います。

私は5年にわたり毎年夏休みの1週間を利用して子供たちと親子自転車旅を行ってきました。最初の2年は娘と息子と三人で沖縄中南部縦断、広島・愛媛しまなみ海道縦断、3年目からは息子と二人で広島から長崎、三重から東京、そして福島から東京というルートを駆けてきました。沖縄を走行した時、息子は小学校3年生、福島から東京へのラストランの時には息子はすでに中学1年生になっていました。子供たちが小学生の間だけと思っていましたが息子が中学1年生の時、たまたまクラブの休みと重なり5回目の親子自転車旅を行うことができたわけです。最初に沖縄を三人で走った時、まさかその後4回も親子で自転車旅ができるとは正直思ってもいませんでした。今更ながら振り返ってみると5年にわたり懲りもせずに5回もそれぞれ1週間ほど走り続ける親子自転車旅をよく続けることができたものだと思っています。

そしてその5年目の最後となる親子自転車旅の記念すべき最後の晩は千葉県柏市内のシティホテルでした。ゴールである江東区の「東京大空襲・戦災資料センター」まで50㎞ほどの地点でしたので翌日の走行に身体的、精神的な負担もあまり無い状況で、親子自転車旅最後の晩を息子と二人で余裕をもって過ごすことができることを密かに楽しみにしていました。自転車旅を行っている時、その日の状況によって多少異なっていましたが最初の沖縄を走行した時から毎日、走行を終えた夕食時に三人で、また3回目以降は息子と二人で、無事に走り終えることができたその日の労いと翌日の安全な走行を願って祝杯をあげていたことが我々のささやかな「儀式」でした。5年も続いた親子自転車旅の最後の夜ですからさぞかし感慨深い夜になるだろうと個人的には思っていましたが、もしかしたら息子もそうした思いを抱いていたかもしれません。

いずれにしろ私はその「最後の晩餐」になるべくふさわしくするために最後の夜をいかに過ごすべきかそれなりの心づもりをしていたわけです。少し贅沢な食事をしながら（と言ってもファミレスですが）、今まで一緒に走ってきた自転車旅を息子と振り返ったりして親子自転車旅の最後の晩の締めくくりにふさわしい時間を二人で持てればと思っていました。しかし、そんな思いは儚くも消え去ることとなってしまったのです。最後の晩とはいえ、翌日にまだラストランが残されているので今まで通り、翌日の早出のため到着早々に食事をしに出かけました。たまたま通りかかった市内の繁華街で携帯電話を大々的に売り出しているキャンペーンが行われていたのですが、それを見て息子は東京に戻ったら新しい携帯を購入してほしいと唐突に言い出したのでした。実は息子は以前からキッズ携帯を持っていたのですが、中学生になり周りの友人の影響で新しい携帯の購入を望んでいたようなのです。忘れていたその思いが目に入ってきたキャンペーンで急に覚醒させられたのだと思います。

私もその時の状況を勘案して適当に答えを濁すようにしていれば良かったのですが新しい携帯など購入するつもりはなかったのでキッパリ彼のその要求を突っぱねる対応をしてしまいました。息子はそれが気に入らなかったようでそこから気分を害したのかふてくされ始めてそれから一切私と口を利かなくなってしまったわけです。一転して二人の間には冷たい空気が漂い、とても楽しくファミレスで食事をする雰囲気ではなくなり、二人でお店を探すこともせず、すぐ近くにあった牛丼屋に入りさっさと食事をして宿に戻ってしまいました。息子は食事をしている時も一切、口を開かず、一生懸命?ふてくされモードをアピール、宿に戻った途端、布団にもぐりこんでしまいました。シャワーを浴びて汗を流せば、と何回か声をかけましたが結局、息子はそのまま朝まで寝てしまった状況です。

一時的に険悪な雰囲気になってしまったものの、最後の晩でしたので食事をしてお腹が落ち着き、時間も少し経てば息子も気持ちが切り替わるだろうと正直、私は思っていました。しかし、部屋に戻っても息子の態度は変わらず、親子自転車旅の最後の貴重な夜をこのままで終わらせたくない、と思っていた私は何度か息子に声がけをしましたが、結果、息子は応えることなく朝まで布団から出ることはありませんでした。5年間にわたる親子自転車旅の最後の感慨深い夜になるはずでしたが、記してきた通り別の意味で思い出の残る夜となってしまいました。着替えもしないでベッドに横たわる息子の横の壁に仲良く並んでかけてある二人のヘルメットを見て悔しいやら、寂しいやら、悲しいやらの何とも言えない複雑な気持ちでいっぱいになったことをよく覚えております。翌日早朝、ホテルの方で軽朝食を用意してくれますが、それも食べず、親子自転車旅フィナーレとなる最後の走行も私とはほとんど言葉を交わさずペダルを踏んでゴールに向かった次第です。

息子の行動は中学1年生としてはあまりにも幼い抵抗ですが、別にこれが初めてのことではなく日常生活の中でも事あるごとにこうしたことはあり、また5年間にわたり続けてきた自転車旅をしている行程の中でも同じようなことはありその都度、息子とバトルを繰り返してきていました。5年続いた親子自転車旅を締めくくる最後の晩でしたから私も妥協したり、もっと息子の気持ちに寄り添うような声がけをしたりしていればまた違う展開になっていたのかもしれませんが、それまでの息子との長年の経緯もあり、お互いにそれぞれの気持ちを押し殺してそうすることができなかったのだと振り返って思っています。

何もせっかくの親子自転車旅をしている中、親子でもめることもないし、嫌な思いをすることもないと思いますが、結果として私と子供たち、とくに息子との自転車旅はいつも仲良く楽しく走っていたわけではなく、お互いにエゴをむき出しにして、時にはお互い大声をあげるようなバトルを繰り返し続けながらも一緒に走ってきた親子自転車旅だったのです。親子で自転車旅をしている間、楽しい事も心が揺さぶられるような事もたくさんありました。それと同時に今回のような携帯電話を買う買わないの話だけではなく、外食で頼み過ぎて食べものを残したり、自分でやるべき身仕度をしなかったりなどある意味、自転車旅中に親子でもめる必要がないようなことでもめ、その結果、険悪なムードの中、一緒に走行し続けなくてはいけなくなったりすることも多々あったわけです。

子供たちに非がある時ばかりではなく、私自身の行動や子供たちへの発言に問題があるようなことも何度もあったと思います。いや親の私がもっと度量があり、日頃から子供たちを常に温かく包み込むような接し方ができていればもっと充実した素敵な親子自転車旅が実践できていたのではないかと思うわけです。本来、さわやかで楽しい自転車旅のはずですが、友人同士や一人旅とは異なり、親子自転車旅であるゆえ、親と子、お互いの未熟な部分が甘えとして露骨に出て、親子であるゆえの複雑な思いが絡み合いそれはドロドロとした「日常生活」そのものであると感じました。これが親子自転車旅の現実なのです。

多くの親御さんは子供たちとの関係をしっかり保たれていると思うので、このような親子ともども未熟な状況を理解してもらうことは難しいことで、それ故、とても恥ずかしいのですが、中にはお子さんとの日々の関係において、その経験から理解して頂ける方もいらっしゃるかもしれません。

「非日常世界」を求めて自転車旅を実践しようとされる方々に親子自転車旅は「日常生活そのもの」ですから大変ですよ、と言わんばかりに記しているにもかかわらず親子自転車旅を皆さんにお勧めする理由は、そのドロドロとした日常生活そのものを持ち込んだ親子自転車旅の中で、ともに同じ目的を持ち、それを果たすために汗を流していくその過程は、何よりも親子ともども成長させてくれると自らの親子自転車旅を通じて感じているからです。

お互いのエゴをむき出しにするような状態でも一緒に走り続けなくてはいけない状況では、お互いに口を開くことなく無心にペダルを踏み続けながら様々な葛藤を余儀なくされ、自分自身と向き合い、そして相手とも向き合わなければならないことに気づかされます。日常生活の中であればそれぞれ逃げ場もあったりするでしょう。親として子供としてそれぞれがエゴ、わがままをむき出しにした状況の中、そこから逃げ出すこともできず、お互いに向き合いながら、身体的にも精神的にも厳しい人力だけによる自転車で同じ目的を遂行します。そうした状況は想像以上にストレスがかかり、その中でひたすら愚直にペダルを踏み続けることは真に親子ともども成長させてくれることになり、そうした経験は掛け替えのないものであると思っています。

電車や車などを使用した一般的な家族旅行はとても楽しい思い出ばかりを残してくれます。私自身も家族と車などで旅行に出かけますので決してそうした家族旅行などを否定したくありませんし、できることであれば数多く出かけたいと思っています。それに対して親子自転車旅は限られた時期にしか行うことができません。楽しくも精神的、身体的にも普通の旅行とは異なる厳しい環境のもとで目的をひとつにして子供たちと向き合っていく親子自転車旅を限られた時期に一度でも実現することができたならば、簡単には手に入れることのできない貴重な宝物を将来にわたって持ち続けることができることになると思います。是非、その宝物を手に入れてください。

子供たちはこれからも将来に向かって学校、クラブそして受験勉強などで様々な試練を乗り越えながら成長していくと思いますが、親と一緒にそうした経験をする機会は多くはないと思います。是非、掛け替えのないこの時期に大切なお子さんと一緒に楽しみながらも、愚直にペダルを踏み続ける親子自転車旅を実践して頂けたらと思います。

自転車旅を始めたときの息子は、小さな自転車で必死に私の後方を走り、私は彼の姿が見えなくなると足を止め、姿が見えて来るとまた走り始めるといったような状況でした。少しずつ体力もつき、三重から東京を目指したときは子供用のロードレーサーで東海道の1号線を走っていました。福島から東京へ向かう最後の親子自転車旅、私が長い上り坂でアゴが上がってしまいハアハア息を切らしながら、やっとの思いでペダルを踏んでいた時、後方で「カチャカチャ」というギアを切り替える音がしたと思ったら息子が私の右側を白い歯を見せて抜かして行きました。子供の成長は楽しみで嬉しいものと思っていましたが、あの時、悔しく、そして少し寂しく感じたことを今もよく覚えております。

つまらないことでふてくされて親子自転車旅の貴重な最後の夜を台無しにした息子も高校3年生になりました。学習には前向きではありませんが不思議とやり始めたことだけは途中で投げ出さない、という一面があり、クラブや楽器の習い事など決して全力で取り組んでいるようには見えず、またその結果にもあまり執着しているようには見えないのですがなぜか継続しています。そんな姿を見ながら最後の最後までいつもマイペースだった彼の走りを思い出しております。

7

番外編「自転車旅と平和」

現在は、以前と異なり多くの人にとってそれぞれの生活に自転車との結びつきが強く、ある意味、ライフスタイルを語る際に自転車の存在を無視することはできなくなっている方々も多いと思います。私が国内外を自転車で旅していた数十年前の１９８０年代初頭は、現在と異なり、自転車の存在がこれほど人の生活に影響するような状況ではなく間違いなく当時の私などは極端なマイノリティでした。時代も変わりぞんざいに扱われていた自転車が多くの人に見直され、大切にされる状況になってきて自転車愛好家の私にとっては良き時代になってきたと嬉しく感じております。

自転車の存在が社会的に認知されてきた現在、多くの方々が様々な目的や思いを抱いて自転車と向き合っていると思います。以前と異なり自転車は単なる近隣への移動手段としてのみの存在ではなく、多くの方にとってその存在はそれぞれのライフスタイルに影響し、その結果、自転車との向き合い方、付き合い方は千差万別になって、多くの方々が自転車との独自の世界を育むようになり、中には自転車抜きでは現在の生活を語れぬ人も増えてきているのではないでしょうか？

私も自転車旅を通じて腐れ縁と言えるほど自転車と長く付き合ってきました。大袈裟に言わせてもらうならば自転車旅なくして私自身の人生は語れないようにも感じています。私が親子自転車旅を実践することになったことにも私自身の今までの自転車に対する向き合い方が少なからず影響していると思います。個人的な話で大変恐縮ですが本編最後に番外編として私自身がどのように自転車と付き合い、そして今なお向き合っているかについて少し触れさせて頂ければと思っている次第です。自転車旅はもちろん、自転車自体もまだまだ今のような社会的立ち位置を与えられていなかった以前と異なり、多くの方が自転車の存在、その価値を身近に感じてもらえているこの時、私自身が残してきた轍がこれから親子自転車旅を行ってみようかな、と少しでも思っていらっしゃる方になんらかの形でつながっていけばそれほど嬉しいことはないという思いで記させて頂きます。

私の自転車旅の原点は前述した通り小学生の夏休み、三重県にある母の実家に預けられていた時、一人であちこちに自転車で彷徨っていた体験にあると思います。

見知らぬ場所に出かけ、何の制約もなく何もかもから解き放たれた自由奔放な解放感を感じていたことを覚えております。毎日、朝から日が暮れるまで青い空、白い雲、照りつける太陽の下、今思えばよくそこまで行くことができたな、と思えるような場所まで出かけていました。

私が親子自転車旅の実践を夏休みに執着していたのもその時の感覚が日焼けと共に心にも焼き付いてしまっており、そうした思いを子供たちと共有したかったのだと思います。振り返って考えてみるとその自転車旅の原体験はその頃の日常生活で感じられなかった自由や解放感を享受することができる非日常の世界だったのだと思います。

小学生の頃も勉強もせず遊びほうけていた私は日頃、各方面から様々なアドバイス？を頂戴していて少し息苦しかったのかもしれません。誰にも何も言われず何の制約もなく朝から晩まで好きなところに出かけ見知らぬ地を自由に彷徨っていたその浮遊感は、当時まだまだ何もわからなかった私ですが、それでも掛け替えのない貴重なもので自分にとってはとても大事な時間ということだけはしっかりと心に刻まれたのだと思います。

私が本格的な自転車旅を開始したのは大学に入ってからでした。高校時代はクラブ活動のために学校に行っていたような生活の中、受験勉強にも追われ身体的にも精神的にもとてもハードな時を過ごしていました。五木寛之氏の著作で『内灘夫人』という小説がありますが、その中に「過去に美しすぎる青春を持ったものは不幸です。その余りの鮮やかな充実感のために、現在が常に色あせて見えるからです」とあり、それがその時の自分の精神的な状況を表しているようで心に響いたことをよく覚えております。

決して高校生活が美しすぎる青春であったわけではありませんが少なくとも受験勉強とクラブ活動に追われ、はたから見たら充実した高校生活を過ごしていたことは事実だと思います。しかし入学後の大学生活の日々は楽しくはあっても何か物足りず、日々が淡々と流れてしまう中、自分自身を見失ってしまいそうで、何かに挑んでみたいという思いが悶々と自分の心を覆っていく感じだった覚えがあります。そんな時だったと思います。突然、小学生の時のあの自由で解放感に満たされていたその感覚が覚醒してしまい再び自由と解放感を求め、ひたすらペダルを踏み続けるその世界に飛び込んでいきたくなってしまったのです。

はじめは特に深く考えることなく当時行きたいと思っていた長崎に自転車で行けたらスゴイな、ぐらいにしか思っていませんでしたが、その後、国内の最北端、最東端、最西端、最南端の辺境を巡ることを目標に日本全国を駆け巡ってきました。国内を走り終えたことでけじめをつけるつもりでしたがどうしてもそのまま就職活動をして社会に出ていく気になれず、その後結局、休学して海外を巡ってくることになってしまったのです。

自転車旅を重ねていくことで様々な地域に出かけ、見聞を広め、またたくさんの人々と出会い多くの学びを得ながら掛け替えのない素晴らしい体験も数多く経験することができ、自由で解放感を得ながらもそれだけではない自転車旅の魅力とその奥深さをあらためて感じました。現代社会と異なりインターネットなどもない時代ですからその地を実際に訪れて初めて知ったり、見たり、聞いたりすることができるという状況でヴァーチャルな世界ではなく、常に自分の五感をフルに使って感じ得るリアルな世界でした。自転車旅ゆえ身体的、精神的に追い詰められることもあったのですが、その分自分の力だけで切り開いてきた道は多くの感動と掛け替えのない様々な経験をさせてくれたと思っています。

日本中を走り終えた頃、周りの友人たちはリクルートスーツを身にまとい就職活動に専念し始めていましたが、そんな友人たちを余所目に海外を自転車で走るための旅費入手のためのアルバイトに精を出していました。休学してまでも海外を自分で走ってみたいと思ったのはそれまでの自転車旅での体験や学びが掛け替えのないものと感じ、国内各地を巡っただけでも見知らぬ世界の扉を開き多くのカルチャーショックとも言える体験ができたゆえ、海を渡ればどのような世界が目の前に広がるだろうと思い巡らしたらとても就職活動などをしている場合ではなく感じてしまっていたのだと思います。

正直に言うならば、社会的にも評価される留学ではなくあくまでも「遊学」ですから、おそらく就職活動などにもハンディキャップを背負うことになるにちがいないなど、実際、就職活動などを行わない状況にとても不安を感じていました。ただその時にあったのは、今行かなければきっとあとで後悔するにちがいない、という思いだけでした。その思いの方が不安より強かったために行動を起こすことができたのだと思います。

その後、実現してみたいと思いながらもできないだろう、と思っていた親子自転車旅などもこうして実践することができ、現在に至るまでの長い期間、自転車と向き合ってくることができたのは自転車旅の素晴らしさと自転車そのものに魅了されてきたからであり、現在においてその存在が大きく、そしてより愛されるようになってきた今、少しでも親子自転車旅、または自転車旅の魅力を伝えることができ、皆さんが何らかの形で自転車旅を実践するきっかけになればと思い今回、ペンを執らせて頂いております。

長々と個人的な話にページをさいてしまいました。たくさんの魅力のある自転車旅ですが私にはひとつの特別な思い入れがあります。それは一言で表現するならば「平和」のふた文字です。その思いは自転車旅の様々な体験から育まれてきたものですが今回は、その中のひとつの体験として旧ユーゴスラビアでの体験についてお話しさせて頂きたいと思います。日本を巡っている時も多くの子供たちとの出会いがあり、良き思い出をたくさん頂きました。海外を回っている時も様々な地域で子供たちと触れ合う機会があり、言葉は通じなくとも、いやむしろ言葉が通じないからこそボディアクションなどを通じ楽しいコミュニケーションが取れ、良き思い出となってきました。

はじめは自転車に乗った変な東洋人に対し、怪訝そうな表情を見せ、少し距離を置きながらも、笑っている私の姿に親近感を抱いてくれ、警戒心を解き、時には一緒にサッカーをやったり、私の探している場所に連れていってくれたり、またそうした子供たちの自宅に泊めてもらうようなこともありました。その地を訪れなくともインターネットでほとんどの情報が得られてしまうような現代社会とは異なり、

１９８０年代初頭、欧州でもまだ都市から離れた郊外地域では東洋人などはめずらしく、特に子供たちにとっては自転車に乗ってやってきた黄色い肌の青年には興味津々だったのではないでしょうか。こちらから声をかけることがなくとも彼らから私に近づき、私の笑顔に快く応え、楽しい時間を過ごさせてくれました。

そうした経験を積み重ねていくにあたって、私は欧州地域とはかけ離れた極東からやってきた、さしずめ草の根交流親善大使気取りでいたように思えます。何の裏付けもありませんが、私の行動は欧州からかけ離れた極東地域のちっぽけな島国のイメージアップと認知度に大きく貢献していたように思えます。しかし、そんなうぬぼれは、冷戦下の旧ユーゴスラビアで木っ端みじんにくだかれ、精神的にも身体的にも追い詰められることとなってしまいました。

イタリアからユーゴスラビアに入国、しばらく花崗岩に覆われた山肌を見ながらアドリア海沿いに走り、南に向かいました。現在、クロアチアとして独立して美しいリゾート地もありますが、私がペダルを踏んでいた頃のユーゴスラビアはまだ社会主義国家で、アドリア海沿いのルートもさびれた感じの港町がところどころにあるだけのただの海沿いのルートでした。アドリア海の真珠と言われている有名なドブロブニクを越えてから当時鎖国状態の続いていたアルバニアを迂回するようにアドリア海を離れ花崗岩の山中に入っていきました。現在で言えばスロベニア、クロアチア、ボスニア・ヘルツェゴビナ、モンテネグロ、コソボ、マケドニアという国をギリシャに向かって走ったことになりますが、今思えば、走った、というより走り抜けたという表現の方がふさわしいほどその地域を早く抜け出したい一心でペダルを踏んでいたことが思い出されます。その時の経験がその後自分に影響してくることになるとはその時は思いもしなかったと思います。

アドリア海を背に山を越えて現在のコソボ内陸部からマケドニアにかけての高原地帯での出来事です。そのあたりは山岳地帯で道が入り組み、アップダウンが激しくて自転車で走行するにはきついルートでしたが、「ここがかの有名なアレキサンダー大王を育んだ大地なんだな〜」と感慨にふけりながらトロトロとペダルを踏んで走っていました。山を上がって行くと山道の両側に数百メートルぐらいボロボロのテントが連なっており、そこにスラブ系民族と思われる人々が路上生活を営んでいる様子が目に入ってきました。私は彼らの様子をうかがいながらゆっくりとペダルを踏み続けたのですが、彼らもまた「黄色の肌をした自転車に乗った異民族」を珍しそうにかつ厳しい表情で眺めていました。すると道路沿いの森の中から5〜6歳の男の子が数人私のところに走りよってきたので私は足を止めました。彼らに身振り手振りあわせて簡単な英語を用いて問いかけてみました。

「こんにちは」

「……」

「ことば、わかるかな？」

「……」

「なまえは」

「……」

こうした私の問いかけに彼らはまったく反応せず、少しも笑みを浮かべることなくただじっと厳しい視線を投げかけてきました。

言葉が通じないことはそれまでの地域でも数多く経験してきているので、子供たちに笑顔やボディアクションで伝えようとしましたが、彼らは表情を変えるどころか、厳しい視線で私を見つめ続け、そうしている間に一人、二人と子供たちが増えていき、あっという間に総勢20名ほどの子供たちに私は囲まれてしまいました。最初は5～6歳の子供たちでしたが集まってきた子供の中にはかなり背丈のある大きな姿の子供たちもいました。今まで私が走ってきた地域の子供たちとは異なって身なりも粗末で、靴も履いていない子供も何人もいます。そんな子供たちすべてが明らかに彼らとは異なる東洋からの異民族に厳しい視線をぶつけてくるわけです。自分より背丈が高くない子供たちであっても敵意を感じる20名ぐらいの子供たちに囲まれると立ちすくむような恐怖を感じるものだ、ということをその時初めて経験したことを今でもしっかりと覚えています。

言葉はわからずとも表情やボディアクションで思いを伝えたり、伝わったりして、コミュニケーションがとれる場合には何の脅威も感じないですし、むしろ相互に、一生懸命に心を通わそうとするそのこと自体をお互いに楽しんでいるように感じます。しかし、マケドニアの山中で私を取り囲んだ子供たちは、今までの子供たちとその反応が異なっていました。今まで経験したことのないこうした子供たちと対峙した時間は、実際には3～4分のことだったと思いますが突き刺さるような子供たちの視線の攻撃にさらされていた私にはとても長い時間に感じられ、氷のように固まってしまったその状況を何とかしたいという思いでした。

極東からの草の根交流親善大使として今まで育んできた経験をもとに必死に様々なアプローチを試みましたが私を見つめるその攻撃的な視線が緩むことはありませ

んでした。凍りついた空気を溶かしたのは、いえ、突然、たたき壊したのは子供たちの中でも一番背丈の高いリーダー格と思われる少年でした。突然、叫びながら私の自転車についている装備品を力ずくで奪い始め、その姿を見た私を取り囲んでいた子供たちも堰を切ったようにその少年に続いて装備品を奪いはじめました。反射的にその行動に抵抗を示しながら声を発してやめさせようとしましたが、私の身体や自転車に直接攻撃を加えながらのその行為は、ピラニアが突然襲いかかってきたようで阻止することもできず、私は本能的にペダルを踏み始め無我夢中でその場から逃げ出すことしかできませんでした。

その場から逃げ出そうとする私の自転車をつかみ、その走行を妨げ、執拗な暴力を加えながら、逃げる私を追い続けてくる少年たちもいました。追いつくことができなくなった少年たちから石を投げつけられながらも、私はその場からとにかく離れたい一心で必死にペダルを踏み続けました。それまでの自転車旅でも様々な理由で必死にペダルを踏むことはありましたが、生死を本能的に感じさせられ言葉の通り必死にペダルを踏んだのはその時が初めてのことではなかったかと思います。少年の中には木の棒で襲い掛かってくる子もいて、それを振り払っている時は必死でしたから痛みを感じる状況にありませんでしたが、なんとか子供たちを振り切って落ち着いてみると身体のあちこちから痛みを感じ、手足にもいくつかのスリキズを負っている状況でした。

身体的なダメージもありましたが何よりメンタルな部分での衝撃、というか落胆が激しく、脱力感や無力感でペダルを踏む足が鉛のように重くなりました。正直、何が起こり、どうして子供たちに襲われ、そして命からがら逃げなくてはいけなくなったのか、その時の自分にはよくわかりませんでした。ただ、敵意むき出しの20名ほどの子供たちに囲まれたときの恐怖、そしてそうした彼らによる暴力的な攻撃を受けたことの精神的なショック、今まで極東からの草の根交流親善大使として様々な地域の子供たちとある意味良好な関係を築いて、インターネットのない時代にまがりなりにも極東にあるちっぽけな島国のことを知ってもらうことにささやかな貢献をしているという自負が一瞬にして打ち壊されたそのショックははかりしれないものだったことは、後ろを振り返って追いかけてくる子供たちの姿がなくなった時のあの安堵感とあわせて今でもよく覚えています。

悶々とした気持ちでかつ鉛のように重くなった足の状況でしたが前に進まなくてはいけないので、先を急ぎ山の中を走り続けました。そしてひとつの峠をまた越え少し開けた高原に出た時でした。道路と森林地域との間に「あの集団」がたむろしているところに出くわしました。そこには寝食に使用されていると思われる朽ちたトラックやバス、そしてテントサイトが見られ大人や子供たちがそこで生活しているように見受けられました。今まででしたらその前を通りかかる時に声をかけたり、手をあげたりして何らかのアプローチを試みましたが少し前のショックから抜け切れていなかったからか、彼らの前を何事もないように過ぎ去ろうと少し足早にペダルを踏むことになってしまいました。

そんな私の姿を見つけた一人の少年が声を上げながら私の自転車に向かって走り寄ってくると同時に、前回と同じように子供たちが森の中から、また車の中から私の方に集まってきて、あっという間に私はまた20名ぐらいの子供たちに囲まれることになってしまいました。その時に私がペダルを踏むことを止めて自転車を止めてしまったのは、きっと今度こそは草の根交流親善大使としての責務を果したいという義務感、また果たせるという期待感から不安を抱きながらも彼らと向き合おうと反射的に思ったからだと思います。

しかし、残念なことにその思いは不安だけではすまずすぐに恐怖にかわっていってしまいました。私を取り囲んだ子供たちの表情からは敵意しか感じることはできず、声をかけ、表情を緩めたりしても彼らの私に対してのその姿勢は変わらず、私はペダルを踏んでその場から立ち去らずにはいられなくなってしまいました。ペダルを踏み始めると誰からともなく、子供たちが私のシャツを引っ張りはじめ、自転車を押し倒そうとし、そして先ほどと同じように装備を奪いはじめました。私は彼らの素手や木の棒などによる私への攻撃を振り払いながら必死にその場を離れようとペダルを踏み続けました。石や木の棒を投げつける子供、いつまでも自転車を追い続ける子供をやっとの思いで振り切ってその場を離れるために無我夢中でペダルを踏みました。またしても草の根交流親善大使の責務を果たせず、脱力感と無力感にさいなまれ、悔しい思いでいっぱいでしたが、その時はどうしてこんな状況になるのか、冷静に振り返って考えたりする余裕はなく、ただただ彼らを振り払って逃げきり、その時の恐怖から抜け出すことしか考えられませんでした。

実はコソボからマケドニアの山岳地帯で子供たちにある種の虐待的な仕打ちを受けることになったのは今回記させてもらった時だけではなく、その後、数日間、マケドニアの山中を抜けるまでほぼ毎日、子供たちの人数こそ違っていても同じような仕打ちを受けることが続くことになりました。山岳地帯でそうした子供たちの姿を見つけると今までのようにペダルを踏む足を止めることはせず、その場をできるだけ早く立ち去ることができるように精一杯の力でペダルを踏み、その場を一目散に通り過ぎるようにしました。

それでも私の姿を見つけた子供がいるとその子の声にあわせて湧き出る、という表現がふさわしいようにあちこちから子供たちが現れ、私を追いかけはじめ、追いつくことができないと石を投げつけてきたりしました。すでにこの頃は自転車旅を楽しむ状況にはなく、いかに彼らの目にとまらず一日を無事に過ごせるかだけを考えていたように思えます。コソボからマケドニアの山中を走行していた時、その恐怖心や不安感で緊張していたからだと思いますが、今までにはなかった猛烈な歯痛に悩まされたり、些細な音で目が覚めたりして、ほとんど眠ることができなかった日々が続いていたことをよく覚えています。また写真の好きな私は国内外の自転車旅の様子をフィルムに収めてきていました。ユーゴスラビアでの走行は北から南まで縦断したため2週間以上の時間を費やしたにもかかわらず、アドリア海沿岸の現在のクロアチアやモンテネグロ、またユーゴスラビア出国手前あたりの写真は残っているのに、ちょうどこのコソボからマケドニアの山中を走っていた時の写真がほとんど無いことにあとで気づきました。きっと、自転車を止めて写真を撮るような余裕すらなかったのだということを物語っているのだと思います。

マケドニアの山中で子供たちに叩かれ石を投げつけられる中、頭部を守るために頭をかがめ地面だけを見ながら必死にペダルを踏んで走っていた時、突然一人の少年の足が視界に飛び込んできました。必死にペダルを踏みながら顔を上げると、その少年は抱えきれないような大きなラジカセを掲げながら自転車と併行して追いかけてきていました。現在の若い方々は見たこともないとは思いますが、高度経済成長時代以降、日本の家電製品は大型、高性能になり世界の市場へ進出していきました。そんな家電製品のひとつで、大きなスピーカーを二つ備えた、大人でも両手を使って抱きかかえないと持てないほどの大きく重量もあるカセットテープやラジオを聴くためのラジオカセット、通称ラジカセという音楽機器がありました。

当時で言えば日本ではすでに家電の大型化からコンパクト化に移行している時期でしたから国内ではその子供が抱えていたような大型のラジカセはすでに使用されていませんでした。しかし、走り寄ってきたその子供はその時代遅れの大きなラジカセを抱えて、その家電を自慢するかのように見せつける素振りをしながら攻撃的な口調で言葉を投げかけてきました。突然やってきたその少年を必死に振り払いながらも彼が自慢げに見せつけてきたその大型のラジカセの端にある大きく赤い文字の「ＳＡＮＹＯ」の刻印が目に入ってきました。その瞬間、時代遅れのラジカセを大事そうに自慢気、そして誇らしげに見せつけるこの少年は、その大切なラジカセが遠く離れた極東の日本という国でつくられ、今、まさに周りの子供たちに石を投げつけられている目の前でペダルを踏んでいるその男の国からやってきている、ということを知らないという現実を考えたらとても空しくなってしまったことを忘れられません。

マケドニアの山中で身体的にも精神的にも追い詰められながらも南へ向かってペダルを踏み、ギリシャまでの距離数が記された道路標識を見た時は、心底ほっとし、新しいエネルギーがみなぎってきました。そして実際に国境を越え、社会主義国ユーゴスラビアに別れをつげギリシャに入国した時、早速飛び込んできた「コーラ」などの真新しい様々な広告の看板が資本主義の豊かさを感じさせ、それが同時に安全と保たれた秩序を意味することに、しみじみと感じ入り、命からがら逃げるようにペダルを踏んできたユーゴスラビアの国境を背に安堵したことを忘れることはできません。私はその後、バルカン半島最南端部のギリシャ国内を南下しアテネに向かってペダルを踏み続けて行ったのでした。

マケドニアの市中で聞いた話によるとコソボからマケドニアの山中で向き合った子供たちは「ロマ」の人々だったようです。俗に「ジプシー」と言われた流浪の民の一派です。彼らは経済的な理由などから都市生活を行うことができず、ユーゴスラビアの諸地域を転々としているとのことでした。ユーゴスラビアはモザイク国家と言われるように他民族国家で多くの少数民族が様々な地域に存在しており、そうした少数民族の中にはその歴史的な背景から経済的にも政治的にも孤立せざるを得ず、他の民族に比べて慎ましい生活を余儀なくされている少数民族もとても多い状況でそれぞれの民族がせめぎ合いながら複雑に絡み微妙なバランスを保って存在していました。

私が遭遇した人々をそうしたロマの一派などとしてひとくくりにできるほど彼らの歴史的背景は簡単ではありませんし、ユーゴスラビアにだけ存在していたわけではありませんから自分自身の経験から「ロマ」の人々について何も語ることはできません。ただ私がマケドニアの山中でペダルを踏みながら自問自答していたことはなぜあれほどまでに彼らは私に敵意をむき出さなければならなかったのか、という点についてでした。答えは未だに出ていませんがあの時に感じたのは、彼らは長い歴史の中で追い詰められ常に他民族との衝突の中にあり、自分たちの民族性を保ち、生き抜いていくためには協調するのではなく、相手を虐げていかなければならない世界で生きてきたという歴史を背負っており、明らかに異民族である私に対しての敵意が、それゆえの子供たちの本能的ともいえる排他的な行動になったのではないだろうか、ということでした。

それはある意味、海洋に守られてほとんど対外的な侵略の経験も無いような純粋培養の世界で育まれてきた我々日本人の感覚と大きく異なってきて当然なのでしょう。学術的な民族論や文化論は別にして、私がコソボからマケドニアの山中で体験したことはひとつの強烈なカルチャーショックであり、当たり前のことが当たり前じゃない世界も存在し、当たり前すぎてその当たり前のことの大切さや感謝の思いを忘れてしまっている現実に気づかされると同時に、自転車で自由に安全に旅ができるような平和な社会の大切さに目を向けるきっかけにもなった貴重なユーゴスラビアでの体験でした。

私は大学在学中から漠然と教員を目指していましたが国内外の自転車旅を通じて様々な体験や学び、そして気づきを得ていくことによって最終的に教員を目指す決意を固め、自分自身の経験を通じて自転車で自由にかつ安全に旅できるような平和な社会の大切さというものを何らかの形でこれからの社会を担う人たちに伝えていきたいと思うようになっていました。大学卒業後、夢かなえるべく教壇に立ちましたが若く未熟な故その目的を果たすことはできず、それを宿題として背負いながらもその後の日々を過ごしていました。

冷戦終了後、ユーゴスラビアにおける民族紛争が激しさを増し、犠牲になったたくさんの若者たちの世代はまさに私がユーゴスラビアを巡っていた当時、私を取り囲んだ子供たちの世代でした。輝くべき未来があるはずの彼らの10年後の社会は悲しい差別や暴力がまかり通ってしまうものでした。彼らのそうした姿を映像で目の当たりにして当時の記憶が呼び覚まされ背負っていた宿題の存在の重さを再び急激に感じ始めました。それは、私が授かった自分の子供たちと向き合いながら彼らが生きるべきこれからの行く末に目を向けるようになったのと同じ時期でした。

親子自転車旅も今まで記してきた通り、純粋に自転車旅の素晴らしさを子供たちと共有したい、という気持ちからだったと思いますが実際にその旅を親子で実践してみて、その時に抱いていた「平和」への思いが、以前、私が一人で国内外を自転車旅してきた時に感じ得た「平和」というものへの思い入れよりもはるかに強くなったことを感じました。私が学生であった当時、前述させて頂いた通り、国内外を巡って様々な経験の中、「平和」の大切さに目を向けていきたい、という思いがあったと思いますが、実はある意味で私自身、「平和」の言葉の重さを理解していなかったように今は感じています。自転車旅の経験から平和を脅かす暴力や虐待に対しての抵抗感は当然ありましたが、その問題を単に机上での歴史問題や社会問題としてしか捉えているにすぎず、その問題の解決には政治や経済などを持ち出すなどどこか他人事のような部分があり、その場から離れれば問題が回避されるかのように自分自身の問題として向き合っていなかったように思えたのでした。

子供たちと一緒に行ってきた親子自転車旅は楽しいだけではなく、大変なこともたくさんありましたが、間違いなく大切で掛け替えのない幸せな時間を過ごすことができました。当たり前のことかもしれませんが「平和」というものを理解するためには自らが幸せでなければならず、また幸せであったことがなければその大切さや尊さも理解できないのではないでしょうか。どの親御さんもまたお子さんがいらっしゃらない方々も皆さん大切な時間や大切な人があり、その人なりの幸せがあると思います。だからこそ、その幸せを奪われてしまう社会、つまり平和を脅かす社会を望まないのだと思うわけです。

私を含めて戦争を知らない世代が大半である現在、平和や戦争反対を声高に叫んだり、押し付けたりすること以上に、それぞれの人が幸せを身近な生活の中で感じることがとても大切であると強く感じています。その身近な生活の中の幸せを大切にしていくことの先にただ平和な社会の実現があるだけなのだと思います。

異民族に接した時、排他的な行動しかとるべき術を知らなかったマケドニアで私を取り囲んだ子供たちの10年先の社会は彼ら自身が大きな犠牲を負うものとなってしまいました。私と一緒に自転車旅に出た私の子供たちも当時のマケドニアの子供たちと同じ年頃ですが彼らの将来において彼らが犠牲を強いられるような社会には絶対になってほしくないと強く願っています。できることならば自分の子供たちも将来の平和な社会でそれぞれの子供と自由で安全な自転車旅を楽しんで平和な社会の幸せを享受してもらいたいと思っていますが、その強い願いは「平和」のふた文字を自分の問題として捉えられたひとつの証しであると思っています。そのことによってやっと長年の宿題である自転車で自由に安全に自転車旅ができる平和な社会の大切さを守っていくべき取り組みを真の意味で実践していくことができるようになりました。

やっとこのタイミングで少し腰を上げることができるようになった私に対し、最近の大学生や高校生は平和を守るための活動を積極的に様々な形で実践しており、これからの社会を担う若い世代の人々の真に平和を望むその姿に本当に頭が下がる思いです。私自身といえば細々とでありますが今まで草の根的な活動として携わってきた「史実の継承」も恒久平和を継承していくための大切な活動であると思い継続しながらも、同時に現在の子供たちを取り巻く貧困や虐待の問題もこれからの平和な社会を揺るがしかねない大きな問題として捉えられるようになり平和活動の一環として取り組んでいかなくてはいけないと今は強く感じています。若い方々のパワーと熱意には到底及びませんが今まで通り自分ができることをできる範囲で取り組んでいければと思っています。

愚直に頑張ることや、結果ではなくそのプロセスの大切さなど、楽しさだけではなく様々な人生を生きていくべき支えを自転車旅は教えてくれることを本書でも語らせて頂きました。そのことにあわせて自分自身の自転車旅の経験が自由で安全な自転車旅が行える平和な社会の大切さも教えてくれ、こうしてペンを執らせて頂くことにもつながってきたことを最後に加えさせて頂きました。今後も自分自身のできる範囲でその思いを伝えていくことができればと思っています。

子供たちにとって親子自転車旅の経験が今は花開かずともいつの日か子供たちに思い返され、少しでも楽しき思い出となってもらえたらと思っています。昨年高校を卒業した長女は中学から行っている創作ダンスにおいてその集大成としての創作ダンスのテーマに長崎の原爆に関連して「焼き場に立つ少年」を選び演じました。親バカではありますがその内容は素晴らしいもので、全国コンクールで入賞も頂きました。長女が小学生の時に親子自転車旅で、長男と一緒に沖縄のひめゆりの塔や広島の原爆ドームを訪れました。創作ダンスのテーマと直接的に影響はないと思いますが平和や戦争ということに目を向けることを押し付けてしまったのならば親としてまた一人の教壇に立つ教育者として反省もしなくてはならないかもしれませんが、もしきっかけとなったのならば正直に言わせてもらえばうれしく思ったりしています。

最近、長年のハードな走行がたたり膝の痛みが激しく長距離の走行は悲しくも厳しい状況で、時間的にも残念ながら長旅を計画することはできなくなっています。ただ自由で安全に走れる平和な社会への感謝とその幸せを大切にしたい、という思いで短距離でも短期間でも実際に汗を流し、風をきって走行することによって国内外を駆けていた時の思いを定期的に覚醒させ、老体にムチ打ちながら更なる次の自転車旅への思いをつないでいる昨今です。

8

おわりに

本書を振り返り『親子自転車旅のすすめ』というタイトルにはふさわしくない、と思いました。理由はそのタイトルの内容には不要と思えるような個人的な教育観や価値観をぶちかましてしまった感があり、素直にもっともっと親子で自転車旅をしたくなるような素敵な内容に仕上げるべきであったと反省しているからです。

ただ自転車旅はやはり公共機関や自動車で旅する一般的なスタイルとは異なる特異な旅のスタイルで、一言でいうとスタンダードな旅ではありません。非効率で、リスクも多く、身体的負担および精神的ストレスも多大で、ある意味、変わり者が行う旅のスタイルなのではないかと思っています。よってそんな旅を好んで実践し、またその旅を勧めるような変わり者を少しでも知ってもらうことも自転車旅がどんなものなのかを知っていただくヒントになるのではないかと思います。内容が傲慢でおこがましく感じられる方々も多かったと思うのですがどうかお許しください。

本書では私なりの親子自転車旅の思い入れや経験について色々と記させて頂きましたが本書を通じての私の願いはひとつだけです。それは一日でも二日でも大切なお子さんと一緒に自転車で「旅」をしてもらいたいということでしかありません。未知の場所に向かって親子で自転車をスタートさせてほしい、という思いだけです。

人生が人それぞれであるように自転車旅もそのあり方は様々です。楽しいこともあれば二度とやりたくない、と思うこともあるでしょう。いずれにしろはっきりとしていることは「親子で自転車旅をしたその記憶は絶対に忘れない」ということです。それは一度きりの親子自転車旅かもしれません。しかし、親子ともども忘れることはありません。お子さんの立場が変わって自分たちが父親や母親になるような年月を経ても忘れることはありません。親子自転車旅ってそういうものなのです。

さあ、親子自転車旅、今しかできません、大切なお子さんと駆け出しましょう。自転車旅ならではのその素敵な思い出は間違いなく親子ともども一生、心に刻まれることでしょう。

昨年2016年、熊本地震が発生、息子と一緒に真っ暗な夜道の峠越えで苦しんだ思い出深き国道57号線が土砂にのみ込まれ阿蘇大橋が崩落した姿を見たときは心が沈みました。声をかけてくれたり飲み物を差し入れてくれたりした多くの九州人の温かい善意を思い出し、なんとかして彼らの気持ちに寄り添いたい、そしてできることをしたいと思いました。

また5月にはオバマ大統領が現役のアメリカ大統領として初めて広島を訪問し、原爆犠牲者へ、また核廃絶のための祈りを捧げました。娘と息子と2回目の親子自転車旅で広島の平和記念公園で恒久平和を祈念したことを思い出し草の根のあの時の思いが直接的ではありませんが国際平和を願う多くの方の思いとつながっていたとするならば素直にうれしく思います。

これからも子供たちと一緒に汗を流した自転車旅のことは決して忘れることはなく、生きている限り生活の節々で思い出すことでしょう。私が学生時代の国内外における自転車旅から子供たちとの親子自転車旅までなんとか無事に駆けてくることができたのは多くの人たちの支えや協力があってのことだと思っています。最後になりましたが旅先で知り合った多くの方々、子供たちに声をかけ飲み物を提供してくださった方々、そして応援しサポートしてくれた友人たちや家族にあらためて感謝の意を示したいと思います。何より親のエゴに付き合って一緒に汗を流してきてくれた子供たちに感謝の思いをつたえペンを置きたいと思っています。素敵な時間を本当にありがとう。

大庭　純（おおば　じゅん）

1961年生まれ。大学卒業後、社会科教員として都内私立高校勤務。その後、会社員を経て独立。現在、アウトソーシング業務会社代表取締役、都内私立高校非常勤講師。学生時代から国内外を自転車で巡り、2008年から2012年までの５年間に沖縄ひめゆりの塔、広島原爆ドーム、長崎平和記念象など、戦跡及び資料館を訪ねる親子自転車旅を実践。草の根的な平和学習のきっかけづくりに現在、取り組んでいる。親子自転車旅詳細については以下サイトで公開。

http://waokakeru.org/

親子自転車旅のすすめ

2017年８月３日　初版第１刷発行

著　者　大庭　純
発行者　中田典昭
発行所　東京図書出版
発売元　株式会社 リフレ出版
〒113-0021　東京都文京区本駒込 3-10-4
電話 (03)3823-9171　FAX 0120-41-8080
印　刷　株式会社 ブレイン

ISBN978-4-86641-047-0 C0095
Printed in Japan 2017
落丁・乱丁はお取替えいたします。

ご意見、ご感想をお寄せ下さい。

［宛先］〒113-0021　東京都文京区本駒込 3-10-4
東京図書出版